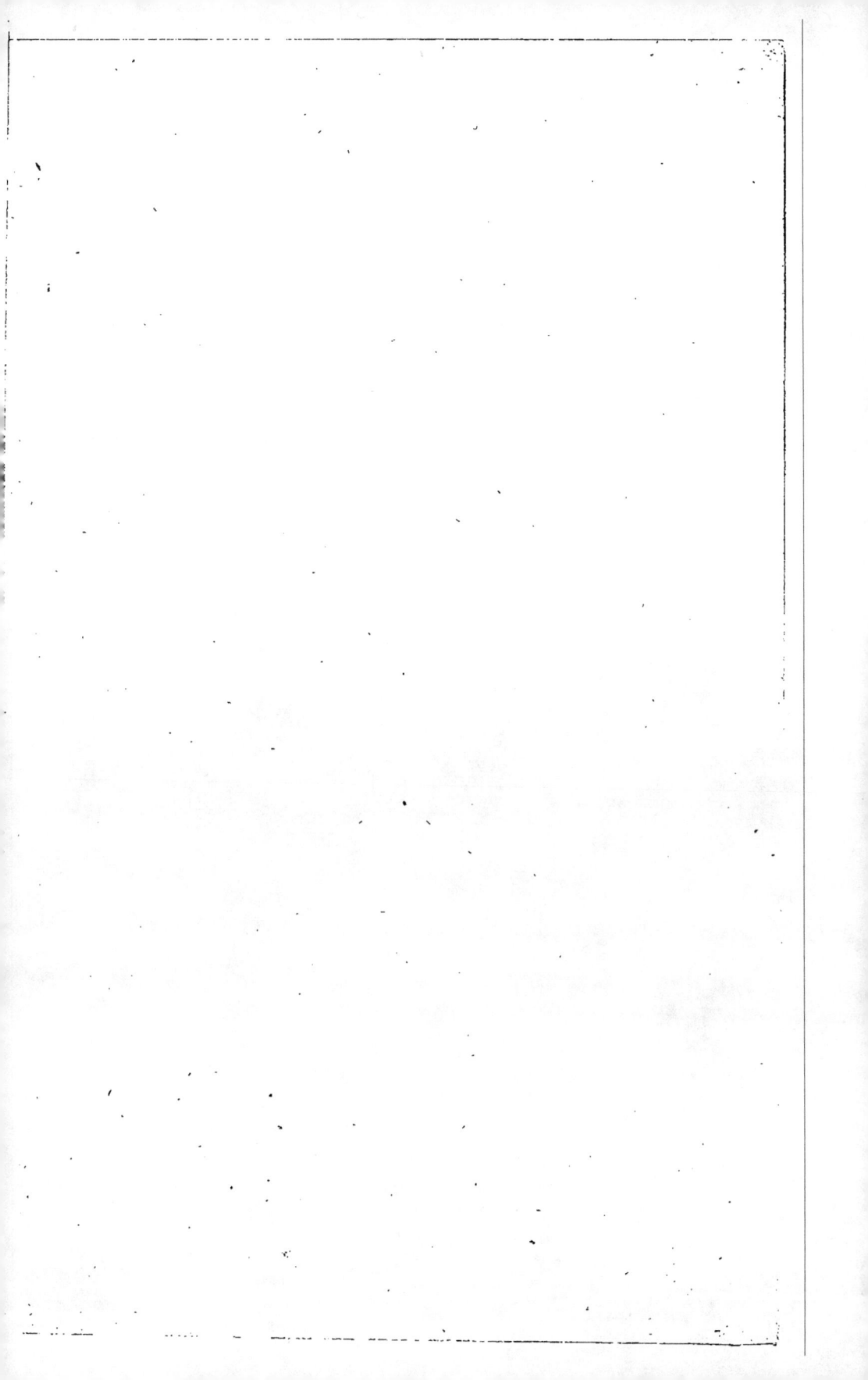

36788

6725

DES

IRRIGATIONS

SUIVANT

LA LOI DU 16 SEPTEMBRE 1807,

Par Alphonse de P******,

Ancien avocat à la Cour royale de Paris.

———◦———

EXTRAIT DE L'ÉCOLE DES COMMUNES.

———◦———

PARIS,

IMPRIMERIE ET LIBRAIRIE ADMINISTRATIVES

DE PAUL DUPONT ET Cⁱᵉ,

Rue de Grenelle-St-Honoré, 55, hôtel des Fermes.

1844.

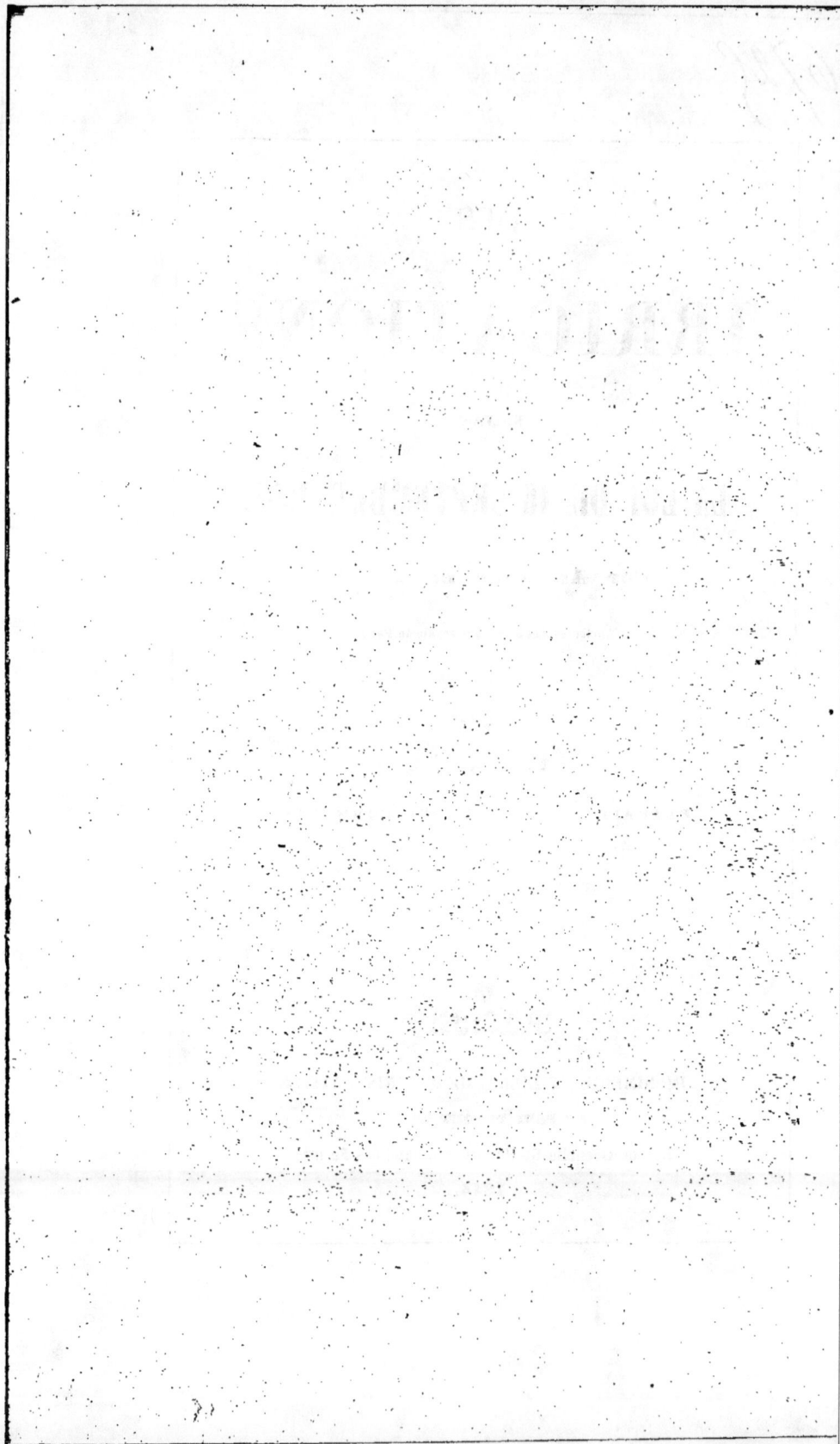

DES IRRIGATIONS

SUIVANT

LA LOI DU 16 SEPTEMBRE 1807[1].

Par ALPHONSE DE P******,

Ancien avocat à la cour Royale de Paris.

La législation actuelle permet-elle de contraindre les propriétaires de terrains irrigables à coopérer à la construction et à l'entretien de canaux d'irrigation reconnus d'utilité publique ?

Il est aisé de comprendre quel intérêt s'attache à la solution affirmative de cette question. Obligé de coopérer à la construction d'un canal d'irrigation, aucun propriétaire ne voudra que ce sacrifice soit stérile ; tous demanderont à jouir de la portion d'eau qui devra leur revenir, et l'esprit de routine ou d'obstination aura bientôt fait place aux fécondes améliorations que les irrigations sagement entendues doivent donner au pays ; enfin, la possibilité d'une coopération forcée suffira souvent à elle seule pour amener la formation d'associations libres, destinées à propager les irrigations. D'ailleurs, les ressources assurées aux entrepreneurs d'un canal d'arrosage, par les plus-values qu'ils auront à réclamer, leur donneront le moyen d'achever leur œuvre, et les préserveront de la ruine qui trop souvent est leur seule récompense. Si le système que nous défendons eût existé, Adam de Crapone, auteur du canal qui porte son nom, n'eût pas légué la misère à sa famille ; et, de nos

---

(1) Presque toutes les règles contenues dans ce travail sont applicables aux ouvrages publics exécutés directement par l'Etat, les départements et les communes, lorsque ces travaux rentrent sous l'empire des articles 30, 31 et 32 de la loi du 16 septembre 1807. Nous espérons même que les entrepreneurs de desséchements pourront y trouver quelques explications utiles sur les règles qui régissent leurs difficiles entreprises.

1845

1

jours, dans le département de la Haute-Garonne, le sieur Marc, modeste et honorable cultivateur qui a entrepris le canal de Bazer, et qui y a consacré toute sa fortune, ne serait pas menacé d'une ruine imminente pour avoir entrepris la construction d'un canal de 40 kilomètres de parcours, devant irriguer 1,500 à 2,000 hectares, sur les promesses verbales que tous les propriétaires lui ont données de l'aider dans cette vaste entreprise, « et aujourd'hui, » dit M. de Lasplanes à la société d'agriculture de Toulouse, « se retran- « chant derrière de vains prétextes, ces mêmes hommes semblent « n'avoir d'autre appui à lui prêter que celui de leurs vœux. » L'adoption de notre système pourrait encore préserver de sa ruine un des plus honorables citoyens du royaume.

Le sujet que nous abordons est donc important au premier chef (1), et, de plus, il se recommande par son opportunité, car les économistes, les agronomes, les administrateurs et les législateurs eux-mêmes (voir la proposition de M. le comte d'Angeville) (2), sont également préoccupés des avantages des irrigations qui, en doublant nos pâturages, doivent multiplier les bestiaux, et par là améliorer l'alimentation des classes ouvrières et fertiliser le sol par les engrais.

Cependant la question que nous venons de poser est complète- ment neuve, et elle ne s'appuie sur aucun précédent, soit dans les décisions de l'administration, soit dans les doctrines des auteurs. Ce sujet n'a pas été l'objet d'une discussion dans le grand ouvrage que M. Nadault de Buffon vient de publier sur les irrigations, sans quoi le développement des sages doctrines qu'en aurait don- nées ce savant ingénieur, nous eût dispensé de ce travail.

D'après les termes mêmes de la question que nous avons posée, notre dissertation doit se diviser en deux parties distinctes :

---

(1) « Il n'y a pas de ruisseau, si faible qu'il soit, dit Daviel (dans son traité « sur *les Cours d'eau*, t. II, p. 60), qui ne puisse devenir l'objet d'un règlement « administratif, du moment qu'il est sorti du fonds où surgit la source, et « que ses eaux deviennent entre les divers propriétaires, dont il traverse les hé- « ritages, ou un bien commun ou une cause d'inconvénients. » De même, nous pouvons dire : il n'est pas de projet de canal destiné à irriguer une vallée, si petite qu'elle soit, qui ne puisse être déclaré d'utilité publique, s'il a pour but de trans- former une plaine aride en un vallon fertile.

(2) Par la loi de 1807, appliquée telle que nous l'entendons, les propriétaires de terrains arrosables seront, au nom de l'utilité publique, appelés à créer de grands canaux d'irrigation. Par la proposition de M. le comte d'Angeville, telle qu'elle a été amendée par la commission qui a choisi pour rapporteur le savant M. Dalloz, les propriétaires d'héritages les plus éloignés pourront dériver de ces canaux principaux et des filioles secondaires, aussi établis par expropriation pour cause d'utilité publique, les filets d'eau qui devront féconder leurs terrains. Pour les grands canaux et leurs embranchements d'intérêt commun, l'expropriation pour cause d'utilité publique, pour les dérivations individuelles, la simple ser- vitude de passage, tout cela se tient comme les rameaux tiennent au tronc de l'arbre.

1° La création des canaux d'irrigation ;

2° Leur entretien.

TITRE Ier.

DE LA COOPÉRATION FORCÉE A LA CRÉATION DES CANAUX D'IRRIGATION DÉCLARÉS D'UTILITÉ PUBLIQUE.

Au milieu d'une population qui augmente, avec des ouvriers qui ne peuvent atteindre au prix élevé de la viande (1), après les exemples, cruellement payés, de la nécessité où nous sommes de recourir à l'étranger pour la remonte de notre cavalerie, est-il douteux qu'au premier rang des besoins publics ne se place l'obligation de faire produire au sol tout ce qu'il peut produire en pâturages ? cela n'est pas seulement d'*utilité*, mais, disons-le, de NÉCESSITÉ PUBLIQUE. Aussi, chaque fois que l'occasion s'en présente, des ordonnances royales déclarent d'utilité publique la création de canaux d'irrigation, et les entrepreneurs de ces travaux sont autorisés à exproprier les terrains qui leur sont nécessaires, le tout après l'accomplissement des formalités prescrites par la loi du 3 mai 1841 et par l'ordonnance réglementaire du 18 février 1834, sur l'expropriation pour cause d'utilité publique.

Ainsi, il est incontestable que les canaux d'irrigation sont au nombre des travaux d'utilité publique, de même que les canaux de navigation, etc., etc., etc. ; c'est en partant de cette base que nous soutenons qu'il n'est pas besoin d'une loi nouvelle pour contraindre les propriétaires de terrains irrigables, à coopérer à la construction des canaux d'irrigation, destinés à féconder leurs propriétés. Pour savoir quelle coopération peut être demandée à la propriété privée, il suffit d'ouvrir la loi du 16 septembre 1807, titre VII. Si nous nous trompions, si la loi que nous invoquons n'était pas applicable, une des premières lois que réclamerait la prospérité agricole de la France serait celle qui réglerait le point qui nous occupe.

---

(1) M. Boulay (de la Meurthe), dans son rapport au conseil municipal de Paris (séance du 13 août 1841, page 31), annonce qu'en France la consommation moyenne en viande, par habitant et par année, n'atteint peut-être pas 20 kilogrammes, tandis qu'elle est, en Angleterre, de 68 kilogrammes, et, en Belgique, de 42. Cependant, le *lest* de l'estomac, le poids des aliments consommés par les habitants des trois pays est à peu près le même, et, dit l'illustre Lagrange (*Essai d'Arithmétique politique*, an IV, brochure in-8°) : « La différence de nourriture ne « consiste que dans la différente proportion du blé et de la viande, ou des autres « aliments qui les représentent..... Cette proportion est la vraie mesure de la ri-« chesse ou de la pauvreté des États, puisque c'est de la nourriture que dépend « essentiellement le bien-être des habitants. Pour augmenter celui des Français, « il faudrait donc pouvoir augmenter la consommation de la viande, même aux dé-« pens de celle du blé. » C'est bien indiquer la nécessité d'augmenter l'étendue de nos pâturages.

Les deux premiers articles du titre VII disposent que, lorsqu'il s'agit de l'ouverture ou du perfectionnement d'un canal de navigation ou de flottage, du perfectionnement de la navigation d'une rivière, de l'ouverture ou de l'entretien de grandes routes (1), de la construction ou de l'entretien de ponts, les départements, les arrondissements et les communes qui en profitent d'une manière particulière, peuvent être appelés, par des lois spéciales, à concourir à la dépense, le tout selon les degrés d'utilité respective.

La disposition suivante, article 30 (2), ajoute : « Lorsque, par « suite des travaux déjà énoncés dans la présente loi... ou par tous « autres travaux publics généraux, départementaux ou commu- « naux, ordonnés ou approuvés par le gouvernement, des proprié- « tés privées auront acquis une notable augmentation de valeur, ces « propriétés pourront être chargées de payer une indemnité, qui « pourra s'élever jusqu'à la valeur de la moitié des avantages « qu'elles auront acquis. »

Telle est la disposition législative, dont le texte clair, positif et général, peut et doit être invoqué pour soutenir qu'on a le droit de contraindre les propriétaires intéressés à coopérer à la con- struction de canaux d'irrigation, de même qu'on peut les contrain- dre à concourir à la construction des canaux de navigation et autres travaux publics, lorsque leurs propriétés en reçoivent une notable augmentation de valeur, sans subir aucune expropriation.

En effet, lorsque les canaux d'irrigation sont déclarés d'utilité publique, ils constituent des travaux publics de la même nature que les ponts, les quais, les places publiques ou les canaux de na- vigation ou de flottage dont parle textuellement la loi de 1807. Ils sont des travaux publics généraux, départementaux ou commu- naux, suivant qu'ils sont entrepris par l'Etat, les départements ou les communes, et, lorsque leur utilité générale est reconnue, ils conservent le caractère de travaux publics généraux, bien qu'ils soient concédés à des compagnies, ou que leur peu d'étendue per- mette à de simples particuliers de les entreprendre.

---

(1) En ce qui touche la contribution aux *routes*, la loi du 16 septembre 1807 est rapportée à l'égard des départements et des communes ; à l'égard des départements, par le décret du 16 décembre 1811, qui divise les routes en routes impériales (royales aujourd'hui), à la charge du trésor, et routes départementales, à la charge des départements ; à l'égard des communes, par l'article 46 de la loi du 15 mai 1818, qui dispose que, dans aucun cas (sauf ceux exprimés dans la loi) et sous aucun prétexte, il ne pourra être fait, au profit du trésor, aucun prélèvement sur les centimes ordinaires, extraordinaires ou facultatifs des communes, ni sur leurs au- tres revenus. Un avis du conseil d'Etat, du 15 mai 1844, décide que les communes sont également affranchies de toute contribution forcée à la création ou à l'entre- tien des routes départementales.

(2) Dans tout le cours de ce travail, quand nous citerons un article de loi sans désigner nominativement d'où il est tiré, il demeure entendu que c'est de la loi du 16 septembre 1807 que nous voulons parler.

On objecte que tous les travaux spécifiés dans la loi de 1807 out, par leur destination publique et leur seule existence, une influence nécessaire sur les propriétés voisines, tandis que les canaux d'irrigation n'ont aucun effet, en dehors de l'irrigation elle-même, et qu'il est loisible à chaque propriétaire de refuser d'en profiter.

Cette objection nous paraît mal fondée, nous soutenons, au contraire, que, par leur seule création, et indépendamment de l'usage actuel de l'arrosage, les canaux d'irrigation augmentent d'une manière notable la valeur des terrains susceptibles d'être irrigués. La preuve résulte de ce fait, que si vous voulez vendre un terrain irrigable, quoique non encore irrigué, vous le vendrez un prix bien plus élevé que s'il était impossible de le fertiliser par l'arrosage; et encore que, si, dans la même succession, il existe deux terrains non irrigués, mais dont l'un est susceptible d'arrosage, les héritiers qui auront à procéder au partage feront une grande distinction entre les deux propriétés.

La possibilité de profiter des eaux d'un canal d'irrigation, en dehors de la volonté actuelle du propriétaire qui refuse d'en faire usage, suffit donc pour augmenter notablement la valeur des terrains irrigables.

On fait une seconde objection, et l'on dit : les améliorations données aux propriétés privées par les travaux publics dont parle la loi de 1807, constitueraient un don purement gratuit pour les propriétaires, si, par les voies indiquées dans la loi de 1807, on ne les forçait à y contribuer; tandis qu'il n'en est pas de même d'un canal d'irrigation, dont l'eau doit être vendue aux détenteurs de terrains arrosables : recourir à l'application des principes de la contribution forcée, ce serait donc faire payer deux fois la même chose, une première fois par voie de contrainte, une seconde sur la demande libre des propriétaires.

Nous nous emparons de l'objection elle-même, et nous répondons que si les travaux nominativement spécifiés par la loi de 1807 peuvent donner lieu à une plus-value exigible des propriétaires, bien que l'utilité de ceux-ci soit placée derrière l'utilité générale, à plus forte raison ce même concours peut être exigé, lorsqu'il s'agit de travaux qui ne procurent un bien général qu'après avoir d'abord et directement enrichi les riverains. Les canaux d'irrigation, par cela même qu'ils sont créés exclusivement pour ces propriétaires, doivent donc, à plus forte raison, dès qu'ils sont d'utilité publique, jouir de la même protection que les autres travaux désignés dans la loi de 1807, et c'est par argument *à fortiori* que le concours des riverains médiats ou immédiats doit leur être assuré, sauf, bien entendu, à tenir compte de ce qui sera payé, comme plus value d'irrigabilité, lorsqu'il s'agira de tarifer le prix de l'irrigation elle-même. Par là on évitera le reproche de faire payer deux fois la même chose.

On objecte encore que l'irrigation appelle un changement dans le mode et le genre de culture, d'où l'on conclut que le droit de propriété s'oppose à ce qu'elle soit jamais imposée par voie de contrainte.

A cela nous répondons que, s'il est vrai qu'*administrer* consiste le plus souvent à faciliter les améliorations que les citoyens se proposent spontanément d'exécuter, cependant, le devoir de l'administration va quelquefois jusqu'à employer la contrainte pour vaincre l'esprit de routine et l'obstination qui se roidissent contre tout progrès ; — qu'enfin les changements de culture qui suivent l'application de l'irrigation ne doivent pas plus arrêter dans l'application de la loi de 1807, que les changements bien autrement graves qui sont la suite des desséchements de marais. Or, on fait tous les jours des desséchements de marais : cependant nul n'a songé à reprocher au législateur de 1807 d'avoir, par les dispositions sur les desséchements, porté atteinte au droit de propriété. C'est qu'en effet ce droit consiste à avoir la libre disposition de ses biens, et à en faire l'usage que l'on veut, le tout *conformément aux lois et sous les modifications établies par elles.*

Objecterait-on que l'application de l'article 30 de la loi du 16 septembre 1807 devrait être strictement restreinte aux cas expressément prévus, c'est-à-dire à certaines entreprises considérables, au nombre desquelles ne sauraient être les canaux d'irrigation dont la création ne préoccupait pas le législateur de 1807.

Qu'il nous soit permis d'emprunter, pour repousser cette objection, les paroles remarquables de M. le ministre de l'intérieur répondant à une difficulté analogue : « Loin que le législateur ait « voulu faire la distinction dont il est parlé, on reconnaît, au con- « traire, avec un peu d'attention, que ce qu'il avait particulière- « ment en vue, *c'est qu'aucune entreprise conçue dans un but d'uti- « lité publique ne pût être effectuée, sans que les individus* ou les col- « lections d'individus *qui étaient plus spécialement et plus immédia- « tement intéressés à l'exécution des travaux, ne fussent appelés à « contribuer à la dépense....* En un mot, la loi, dans ses termes « comme dans son esprit, loin d'avoir spécifié les cas, a pris soin, « au contraire, de généraliser, autant qu'il est possible, l'application « du principe de la plus-value. »

Pour achever de démontrer la généralité du principe posé par les articles 30 et 31 de la loi du 16 septembre 1807, il suffirait de rappeler les termes de l'exposé des motifs, par M. le comte de Montalivet, chargé de présenter la loi au corps législatif :

« Un principe juste, dit l'orateur, est toujours fécond lorsque le « génie s'en empare.

« Le propriétaire de marais doit donner à l'entrepreneur des « travaux qui augmentent la valeur de ses terres une portion de « cette valeur nouvelle.

« Pourquoi, lorsque d'autres travaux importants augmentent la
« valeur des propriétés d'un département, d'un arrondissement,
« d'une commune, d'un particulier, la contrée intéressée ou l'indi-
« vidu ne payeraient-ils pas une portion des avantages qu'ils acquiè-
« rent? Pourquoi le trésor public, c'est-à-dire la réunion de tous
« les Français, ferait-il seul une dépense qui procure un avantage
« plus immédiat à quelques-uns? Il n'y aurait le plus souvent, ni
« convenance ni justice : de là les dispositions, etc., etc. »

Par les desséchements de marais, on fait disparaître une eau
nuisible à la fécondité du sol et à la salubrité de l'air. Par les canaux
d'irrigation, on apporte à des plaines arides une eau vivifiante qui
doit les transformer en gras pâturages. N'est-ce pas là également
travailler à l'amélioration de la fortune et de la santé publiques? Si
le principe est le même, les conséquences doivent être pareilles.

Attaquerait-on notre système jusque dans sa source, jusque dans
la loi de 1807?

Prétendrait-on que l'esprit des lois nouvelles, sur les travaux publics, est contraire aux dispositions de la loi du 16 septembre 1807 ?

Loin qu'il en soit ainsi, il résulte clairement de la discussion des
lois des 7 juillet 1833 et 3 mai 1841, que le gouvernement a entendu
se réserver l'application du système des plus-values ; et on peut soutenir que les dispositions de l'article 51 de la loi du 3 mai, en ordon-
nant de tenir compte, dans la fixation de l'indemnité due à l'expro-
prié, de la plus value que reçoit le surplus du terrain qui lui reste,
tendraient à amener une inégalité choquante, si les articles 30 et 31
n'étaient pas applicables aux autres voisins que l'expropriation
n'atteint pas, et qui retirent également de grands avantages de
l'exécution du projet, sans y contribuer par aucun sacrifice.—
Comment! on enlève à ma propriété 10 et 15 mètres de largeur dans
tout le parcours d'un canal d'irrigation, d'une rue, d'un quai, et le
prix de mon terrain se compense en majeure partie avec la plus-
value que le reste du domaine va acquérir ; et vous, qui êtes mon
voisin, vous jouiriez des mêmes avantages, sans contribuer en rien
à ce travail d'utilité publique, pour lequel, moi, j'ai fait un sacrifice considérable, mais juste et équitable! — Non, il n'en peut être
ainsi, toutes choses doivent être égales entre nous. Si je contribue
aux travaux publics, non-seulement par la vente obligée de ma propriété, mais par le sacrifice du prix de la portion vendue, dans la
proportion de l'avantage que le surplus du domaine doit recevoir
de ce travail, il est juste que vous, qui gardez votre propriété in-
tègre et qui recevez le même avantage, vous concouriez à .'œuvre
commune en payant une partie de la plus value qui vous est produite.

La raison et l'équité suffisent donc pour démontrer que les
lois de 1833 et 1841, sur l'expropriation pour cause d'utilité publique, loin d'ébranler la législation de 1807, en ce qui touche les articles 30 et 31, l'ont au contraire confirmée.

C'est, au reste, ce qu'a décidé formellement le conseil d'Etat dans un avis du 26 avril 1843.

La question posée était celle-ci : « L'article 30 de la loi du 16 sep-
« tembre 1807 doit-il continuer à être appliqué ? »

Le conseil d'Etat a répondu dans les termes suivants : « Vu la loi
« du 16 septembre 1807; les lois des 8 mars 1810, 7 juillet 1833 et
« 3 mai 1841;—les ordonnances royales des 3 novembre 1827, 3 juin
« 1829, 23 janvier 1832, relatives à la ville de Lyon; celles des 2 dé-
« cembre 1836, relatives à la ville de Grenoble; 1ᵉʳ septembre 1838
« et 25 juin 1839, relatives à la ville d'Orange ;

« Considérant qu'aucun acte législatif, postérieur à la loi du
« 16 septembre 1807, n'a abrogé ni même modifié les dispositions
« portées dans l'article 30 de ladite loi ;

« Qu'il a été, au contraire, formellement reconnu dans les dis-
« cussions qui ont eu lieu dans les chambres, à l'occasion des lois
« des 7 juillet 1833 et 3 mai 1841, que les dispositions de la loi du
« 16 septembre 1807, relatives à l'indemnité de plus-value, avaient
« toujours force et vigueur ;

« Qu'application en a encore été faite dernièrement aux villes de
« Lyon, de Grenoble et d'Orange, ainsi qu'il résulte des ordon-
« nances royales susvisées, et que l'exécution en a été régulière-
« ment et complétement suivie ;

« Qu'ainsi on ne peut admettre que l'article 30 de la loi du 16 septembre 1807 ait été abrogé ou modifié ou qu'il soit tombé en désué-
tude, ou enfin qu'il soit d'une exécution impossible,

« EST D'AVIS que l'article 30 de la loi du 16 septembre 1807 doit
« continuer à être appliqué. » Cet avis a été délibéré en assem-
blée générale du conseil d'État, sous la présidence de M. le baron
Girod (de l'Ain), et au rapport de M. Pérignon, maître des requêtes.

Mais qu'y a-t-il donc d'exorbitant dans les règles dont nous demandons l'application?

La contribution de chacun à l'œuvre commune, et ce dans la proportion de son intérêt, n'est-ce pas là la loi ordinaire de l'association hu-
maine? Et voyez de quels tempéraments équitables ce principe est
entouré.—Une notable amélioration est apportée à votre propriété;
mais, comme on agit sans votre assentiment direct, on ne vous de-
mandera pas de contribuer à ces travaux d'utilité publique d'une
manière indéterminée : non, votre sacrifice sera limité à la moitié
au plus de l'avantage qui vous sera procuré.

Pour apprécier tout ce que ce principe a de sage et de paternel, il
est bon de se reporter aux autres dispositions de la même loi qu'on
est habitué à respecter, à cause de l'application fréquente et usuelle
qui en est faite.

S'il s'agissait de marais, à peu près improductifs, et souvent même
insalubres, on pourrait ne laisser aux propriétaires primitifs, que le
quart, le cinquième, le sixième, etc., de la plus-value produite; mais

ici il s'agit de propriétés en rapport ordinaire, et le maximum de la contribution ne pourra dépasser moitié de la plus-value, en sorte que les propriétaires recevront toujours un cadeau égal au moins à ce qu'on leur demande. Veulent-ils nier le bénéfice qu'une commission spéciale a reconnu, ils sont maitres de se libérer de toute indemnité, en abandonnant leur propriété à sa juste valeur. Ce moyen de sortir d'embarras est pour eux une facilité de plus que s'il s'agissait de marais; ils peuvent se libérer en terre, ou s'ils le veulent en rentes, c'est-à-dire avec une partie des revenus produits par le capital même dont ils ont été gratifiés.—Enfin, comme il s'agit *d'amé-liorations* et non de *travaux nécessaires*, tels que ceux d'endiguement et de défense contre les fleuves, rivières et torrent, la loi ne les force pas à s'associer pour faire par eux-mêmes l'opération ; on ne réclame comme prix de ces améliorations que moitié des bénéfices procurés par les travaux jugés d'utilité publique ; tandis que, s'il s'agissait de travaux nécessaires, si élevée que fût la dépense, chaque propriétaire en serait tenu indéfiniment, jusqu'à abandon de sa propriété, et il devrait courir les chances de l'entreprise bien ou mal conçue.

Ajoutons, enfin, que les plus-values dont il s'agit ne peuvent être demandées par le premier spéculateur venu. Il faut qu'il s'agisse de travaux publics reconnus d'utilité publique, et qu'il intervienne un règlement d'administration publique spécial, après avoir entendu les intéressés mis en demeure de s'expliquer directement sur l'opportunité de la mesure ; or, les chefs de l'administration locale, les ingénieurs du pays, le conseil général des ponts et chaussées, le ministre responsable, les membres du conseil d'État, appelés à en délibérer, n'auront recours à cette mesure qu'autant qu'il y aura un grand bien à procurer, ou de mauvaises et mesquines passions à faire céder à l'intérêt général ; l'intervention de ces autorités donne donc une sécurité entière. Telles sont les garanties que donne la loi du 16 septembre 1807.—Mais voudrait-on jeter de la défaveur sur les commissions spéciales qui sont constituées juges des estimations et des plus-values produites? C'est le Roi qui, par ordonnance royale, choisit les membres de ces commissions, et les autorités locales, qui en font la présentation, sont intéressées à ne désigner au chef de l'État que des personnes recommandables, que l'opinion publique entoure de considération; ajoutons enfin que, d'après l'expérience, ce ne sont pas les propriétaires qui ont eu jamais à se plaindre des tendances de ces commissions.

Prétendrait-on enfin que les règles d'estimation créées par la loi de 1807 seraient abrogées par les lois des 7 juillet 1833 et 3 mai 1841, sur l'expropriation pour cause d'utilité publique, et que c'est par le jury que toutes ces questions doivent être jugées? Nous répondrons qu'il y a une différence radicale entre le cas d'expropriation proprement dite et celui dont nous nous occupons. En effet, en cas d'expropriation, celui auquel on demande l'aliénation de son terrain, pour cause d'utilité publique, n'a aucun moyen de le conserver; quelque prix d'affection qu'il y attache, l'utilité publique commande et il doit obéir. Il est juste, en présence de cette dépossession forcée, de donner au propriétaire toutes les garanties possibles, et le législateur moderne accorde le jugement par jury; mais, dans l'espèce actuelle, il n'existe rien qui ressemble à une expropriation forcée. Il s'agit uniquement d'une question de plus-value dont on demande moitié, au plus, à chaque propriétaire intéressé.

S'il s'agissait d'un dommage direct et matériel, causé à la propriété privée par un travail d'utilité publique, le conseil de préfecture serait appelé à l'apprécier. Au lieu d'un dommage, c'est une amélioration notable que reçoivent les particuliers et dont on leur demande moitié; pour apprécier cette amélioration, la loi a créé une juridiction spéciale, qui, n'ayant qu'une seule affaire à juger peut et doit y apporter toute l'attention, tout le soin nécessaires. Cette magistrature spéciale, dont les membres sont choisis parmi les notabilités de la contrée, pour mieux suivre et connaître l'affaire qui lui est confiée, exerce, à cette occasion, des fonctions qui tiennent à la fois et des attributions administratives des préfets, et de la juridiction contentieuse des conseils de préfecture. Il faut donc reconnaître que les lois sur l'expropriation pour cause d'utilité publique, celle du 3 mai 1841, comme celle du 7 juillet 1833, comme celle antérieure du 8 mars 1810, sont étrangères à la question actuelle.

L'objection ci-dessus s'est présentée à l'occasion de l'application récente de la loi de 1807, faite par la ville de Paris au prolongement de la rue Rambuteau.

Pour soutenir la compétence du jury, on disait que déjà, par un avis du 1er avril 1841, le conseil d'Etat avait renvoyé au jury d'expropriation la fixation du prix des terrains retranchables par suite d'alignement, tandis que l'article 57 de la loi de 1807 réservait aux conseils de préfecture la connaissance des contestations qui s'élèveraient à ce sujet; et on ajoutait que si la loi du 7 juillet 1833 avait pu implicitement changer les règles de compétence contenues dans l'article 57, il était rationnel d'en tirer la même conclusion pour la compétence des commissions spéciales qui n'ont qu'une juridiction analogue à celle des conseils de préfecture.

Faisons remarquer d'abord que ce ne sont pas les conseils de préfecture mais les tribunaux civils que l'avis du conseil d'État de 1841 a dépouillés de leur juridiction. Le tracé des alignements est un motif spécial d'expropriation pour cause d'utilité publique; mais l'obligation pour le propriétaire qui reconstruit, de céder une partie de son terrain à la voie publique, n'en constitue pas moins une aliénation forcée; et, par application de la loi du 8 mars 1810, les attributions conférées aux conseils de préfecture, suivant

l'article 57 de la loi de 1807, avaient dû passer à l'autorité judiciaire. Quand la loi du 7 juillet 1833 est venue introduire le principe nouveau de la compétence du jury d'expropriation, substi-
tué aux tribunaux civils de première instance et d'appel, il s'est
agi de savoir si ces tribunaux continueraient, alors que la loi de
1810 était abrogée, à connaître des contestations relatives à la fixation du prix des terrains expropriés pour cause d'alignement. Et c'est
sur la question ainsi posée qu'est intervenu l'avis du 1er avril 1841,
qui attribue la connaissance de ces litiges au jury d'expropriation.

Ou ne peut donc en rien conclure contre la compétence des commissions spéciales, en matière de plus-values, pas plus qu'en matière de dommages, contre la compétence des conseils de préfecture, car, ainsi que nous l'avons démontré ci-dessus, il ne s'agit ici
aucunement d'expropriation pour cause d'utilité publique.

Au reste, la question a été résolue par le conseil d'État dans son
avis susmentionné du 26 avril 1843.

Cet avis est ainsi conçu : « Vu les lois des 8 mars 1810, 7 juillet
« 1833 et 3 mai 1841 ; — Vu les ordonnances royales des 8 septembre
« 1819, 5 août 1831 et 1er juin 1836, rendues dans la forme conten-
« tieuse ;

« Considérant que les lois susvisées, en établissant pour apprécier
« les indemnités à accorder aux propriétaires dépossédés un autre
« système que celui qui résultait de la loi du 16 septembre 1807,
« n'ont eu pour objet que de déterminer comment serait fixée la
« valeur des propriétés dont l'abandon serait nécessaire pour des
« travaux d'utilité publique ;

« Que ces lois n'ont porté aucune atteinte aux dispositions de la
« loi du 16 septembre 1807, qui n'étaient pas relatives aux cas sur
« lesquels elles statuaient ;

« Que, par conséquent, c'est encore aux commissions spéciales
« instituées par le titre X de la loi du 16 septembre 1807, qu'il ap-
« partient de fixer les indemnités de plus-value qui pourraient être
« exigées en vertu de l'art. 30 de ladite loi....

« Considérant qu'en examinant la nature et les attributions des
« commissions spéciales, on reconnaît, comme l'ont fait les ordon-
« nances royales susvisées, que ces commissions ont le même ca-
« ractère que les conseils de préfecture (1) ;

« Que, dès lors, leurs décisions doivent, sur la matière, avoir les
« mêmes effets et recevoir la même exécution que les décisions de
« ces conseils,

---

(1) Parfois elles ont des attributions qui rentrent dans celles des préfets, par
exemple lorsqu'elles sont appelées à homologuer les opérations d'estimation, avant
et après les travaux, et à se prononcer sur la réception des ouvrages, bien qu'il
n'y ait pas de contestations.

« Est d'avis :

« Que ce n'est pas au jury institué par les lois des 7 juillet 1833
« et 3 mai 1841, mais à une commission spéciale, telle qu'elle est
« établie par la loi du 16 septembre 1807, qu'il appartient de statuer
« sur les indemnités de plus-value; que, sur la matière, les déci-
« sions de cette commission spéciale ont la même autorité et doi-
« vent recevoir la même exécution que celle des conseils de pré-
« fecture. »

Une dernière objection nous a été faite : la loi de 1807 n'est applicable, qu'autant qu'il s'agit de travaux publics, généraux, départementaux et communaux. Ce sont les dépenses du trésor public et
des caisses départementales et communales, que le législateur de
1807 a entendu alléger en appelant le concours des propriétés privées qui bénéficient de ces travaux; mais ce concours n'est pas
admissible pour les travaux exécutés par les compagnies particulières.

D'abord circonscrivons la portée de l'objection : elle tendrait à
déshériter du bénéfice de l'application de la loi de 1807, les entreprises de canaux d'irrigation faites par des particuliers ou des compagnies industrielles; mais si des communes, si des départements,
si l'État se mettaient à la tête de ces entreprises, l'objection s'éva-
nouirait complétement; constatons donc qu'il suffit qu'une commune soit concessionnaire pour que toute difficulté disparaisse de
ce chef.

Cela posé, examinons l'objection de plus près :

Restreindre l'application de la loi de 1807 aux travaux d'irrigation
exécutés directement par l'État, les départements et les communes,
ce serait les priver, sans profit, de la liberté qui leur appartient de
faire exécuter, par des compagnies particulières, des travaux dont
l'exécution et la surveillance les obligeraient à créer des administra-
tions spéciales, en dehors de celles qui existent déjà ; ce serait les
obliger à engager leurs capitaux dans des dépenses compromettantes
pour des besoins à venir ; enfin, ce serait admettre une distinction
gênante pour l'administration, qui, par là, serait privée du concours
utile des compagnies particulières.

Les termes de la loi de 1807 sont purement énonciatifs et non
limitatifs, car, d'après la saine raison, c'est la nature des travaux
qu'il importe de considérer ; une loi nouvelle, celle du 3 mai 1841,
nous en donne la preuve en conservant (par son art. 3) le caractère
de *grands travaux publics* aux routes royales, canaux (1), chemins
de fer, canalisations de rivières, bassins et dunes, qu'ils soient entrepris par l'État, les départements et les communes ou par des
compagnies particulières. Il n'y a que deux différences : les travaux
de plus de 20,000 mètres de longueur doivent être déclarés d'utilité

---

(1) De *navigation* ou d'*irrigation*; l'expression de la loi est générale.

publique par une loi; pour ceux d'une étendue inférieure, il suffit d'une ordonnance royale (1), le tout après enquêtes administratives. Lorsque l'expropriation est demandée par une commune, dans un intérêt purement communal, ou qu'il s'agit de chemins vicinaux, les formalités de l'enquête administrative sont abrégées. Voilà la classification actuelle des travaux publics. Ce sera donc par une loi ou par une ordonnance royale que le principe devra être appliqué, sans distinction entre les compagnies particulières et l'État ou les communes. Ajoutons qu'il serait d'autant plus étonnant que la loi de 1807 eût ici entendu exclure les entreprises particulières, qu'elle semble leur abandonner exclusivement les desséchements de marais, et qu'elle renvoie, pour les règlements des indemnités dont il s'agit à ce qui se passe en matière de desséchements de marais.

Si les mesures législatives dont il s'agit sont sages et utiles, si elles sont applicables aux canaux d'irrigation, comme à tous autres travaux publics, il en résulte : 1° que le maximum à demander aux propriétaires n'est que de moitié de la plus-value qu'on leur procure ; 2° qu'un règlement d'administration publique spécial doit autoriser cette demande ; 3° que la dette est remboursable en argent, en rente 4 p. 0/0 net, ou en terre au choix des propriétaires, qui même sont libres de se débarrasser de toutes demandes en abandonnant le terrain au prix fixé ; 4° enfin, ainsi que nous l'établirons, que c'est après l'achèvement des travaux seulement qu'il est possible d'exiger le payement des plus-values dont il s'agit.

Mais il faudrait avoir recours à une loi nouvelle, si l'on voulait contraindre les propriétaires de terres irrigables à concourir à la construction de canaux d'irrigation, pour plus de moitié des avantages qu'ils doivent en retirer, si on voulait les priver du choix qui leur appartient sur le mode de libération, ou si on exigeait le payement de la plus-value avant l'achèvement des travaux (2).

§ Ier. *De la concession des canaux d'irrigation et de la déclaration qu'il y a lieu au régime des plus-values.*

L'art. 32 de la loi du 16 septembre 1807 se borne à disposer, en ce qui touche l'applicabilité du système des plus-values, qu'un règlement d'administration publique rendu sur le rapport du ministre de l'intérieur (aujourd'hui du ministre des travaux publics), et après avoir entendu les parties intéressées, décidera s'il y a lieu à l'application des règles ci-dessus.

---

(1) Pour les routes royales il faut toujours une loi (art. 10, loi du 21 avril 1832).

(2) Il n'est pas inutile, pour apprécier l'utilité de notre système, de jeter un coup-d'œil sur les législations qui se sont le plus occupées d'irrigations ; c'est ce que nous avons fait dans une note finale. (V. p. 47.)

Or, en quelles formes les parties intéressées seront-elles entendues? La loi étant muette sur ce point, il convient d'appliquer en cette matière les règles tracées sur les enquêtes relatives aux travaux dont l'exécution peut être déclarée d'utilité publique par ordonnance royale. La demande tendant à l'application des articles 30 et 31 de la loi du 16 septembre devra donc être soumise au même système d'enquêtes que les projets de canaux eux-mêmes, lorsqu'il s'agira de les faire déclarer d'utilité publique ; c'est-à-dire qu'on devra suivre les formalités tracées par les articles 2, 3, 4, 5, 6, 7, 8 et 10 de l'ordonnance du 18 février 1834. Les parties intéressées feront valoir leurs observations lors de l'ouverture des registres destinés à recevoir les observations auxquelles pourra donner lieu l'entreprise ; et la commission d'enquête, appelée à s'expliquer sur l'utilité publique du projet, devra se prononcer sur la question spéciale d'application des art. 30 et 31 de la loi de 1807.

Voilà pour la forme ; mais il est rationnel de penser que les règles contenues dans les art. 3, 4, 5 et 6 de la loi de 1807 relatifs aux études et aux concessions des projets de desséchement de marais sont, par analogie, applicables aux canaux d'irrigation qu'on voudrait soumettre, lors de leur création, au régime des plus-values. Il suit de là que si tous les propriétaires de terres irrigables se réunissent pour demander la préférence, sur un soumissionnaire étranger, et qu'ils se soumettent à exécuter les travaux dans les délais fixés et conformément aux plans adoptés par le gouvernement, ils doivent obtenir la préférence, et, qu'à condition égale, cette préférence doit encore leur être accordée, bien qu'ils ne soient pas tous réunis, ou que parmi eux il existe des communes. Mais, il importe de le remarquer, il ne suffit pas que les propriétaires soient tous réunis pour faire tel canal, d'après les plans approuvés par le gouvernement, il faut encore qu'ils soient d'accord entre eux, sur les moyens d'atteindre ce but, et que, spécialement, la part contributive de chacun à l'œuvre commune soit convenue et arrêtée d'une manière définitive ; que les époques de versement des fonds et de mode de recouvrement soient également convenus et fixés. S'il en était autrement, le but ne pourrait être atteint, les difficultés préliminaires qui s'élèveraient entre les divers intéressés, pour la détermination de la part contributive de chacun, feraient nécessairement avorter le projet sur lequel on n'aurait qu'un accord vague et incomplet (1).

Le gouvernement est toujours le maître d'autoriser un soumissionnaire étranger à faire les études des canaux d'irrigation, comme ceux des desséchements, en réservant aux propriétaires leur droit de préférence ; mais à charge par eux de rembourser, ainsi que le

---

(1) Cela est spécial aux irrigations, et s'applique peu aux travaux publics d'une utilité générale directe, exécutés par l'État, les départements ou les communes. (*Voir* cependant la note finale de l'ouvrage, p. 52.)

veut l'art. 6 de la loi de 1807, les frais d'étude avancés par le soumissionnaire, au cas où il serait évincé. Ce remboursement doit avoir lieu avec intérêts du jour de chaque déboursé, et cela par application des art. 1375 et 2001 du Code civil ; l'entrepreneur des études devenant le *negotiorum gestor* des propriétaires demandeurs en préférence. Le règlement de ces dépenses doit être fait par décision ministérielle, sauf recours au conseil d'Etat, et le montant doit en être recouvré administrativement, par un rôle rendu exécutoire par le préfet, comme en matière de contributions publiques.

Les plans des canaux d'irrigation doivent être vérifiés et approuvés par les ingénieurs des ponts et chaussées. Les connaissances techniques de ce corps savant sont indispensables pour des travaux de cette nature ; leur coopération peut seule donner au gouvernement l'assurance que les niveaux ont été exécutés avec précision, que les jaugeages sont exacts, que les dépenses d'eau pour l'irrigation des terrains et les pertes résultant de l'évaporation ou de l'absorption du sol ont été minutieusement évaluées, et qu'enfin les travaux seront confectionnés de manière à résister aux crues d'eau, ainsi qu'aux infiltrations si pernicieuses et si insalubres.

Les projets doivent contenir : 1° les plans et tracés des canaux d'irrigation ;

2° Le plan général de tous les terrains présumés devoir profiter des travaux. Chaque propriété y sera désignée d'une manière distincte, et son étendue exactement circonscrite.

Quand tout a été ainsi sagement prévu, calculé, la concession peut être faite, et si le gouvernement a des craintes, soit sur la solvabilité des soumissionnaires, soit sur la bonne volonté des propriétaires demandeurs en préférence, il peut ordonner le dépôt d'un cautionnement qui n'est restitué qu'au prorata de l'exécution des canaux.

Mais le système des plus-values, avec obligation pour tous les propriétaires de terrains irrigables de s'y soumettre, indépendamment du fait même de l'irrigation, pourrait-il être appliqué à des canaux d'irrigation en cours d'exécution, dont l'ouverture aurait été autorisée et déclarée d'utilité publique, sans qu'on ait songé à recourir à ce système ?

L'art. 30 de la loi du 16 septembre 1807, dit que tout ce qui tient à ce régime des plus-values « sera réglé par estimation dans les « formes déjà établies par la présente loi, jugé et homologué par la « commission qui aura été nommée à cet effet. »

L'art. 46, qui traite de la compétence de ces commissions spéciales, dispose: qu'elles « connaîtront des mêmes objets, » (valeur avant les travaux, vérification du plan cadastral, exécution des clauses des actes de concession, vérification et réception des travaux, formation et vérification du rôle de plus-value, etc., etc., comme en matière de desséchements) « lorsqu'il s'agira de fixer la valeur des « propriétés avant l'exécution des travaux d'un autre genre, comme « routes, canaux, quais, digues, ponts, rues, etc., et après l'exécution « desdits travaux et lorsqu'il sera question de fixer la plus value. »

On a voulu induire de ces deux articles, dont le premier se réfère aux formes de l'estimation des marais avant et après desséchement, dont l'autre parle de l'estimation avant et après les travaux, que lorsqu'il s'agissait de travaux, autres que ceux de desséchement, on devait procéder d'une manière identique ; et comme en matière de desséchement, art. 15 de la loi du 16 septembre 1807, les travaux ne doivent commencer qu'après la première estimation, on a soutenu que le système des plus-values forcées ne pouvait être appliqué aux travaux publics en cours d'exécution ou terminés , parce que la première estimation devait les précéder.

Cependant ce système a été repoussé par le conseil d'Etat, et avec raison selon nous, car la nature des choses est différente, et la loi n'a pas astreint des opérations qui sont diverses, à suivre symétriquement la même marche, et à se produire dans les mêmes délais.

L'estimation d'un marais ne peut être faite que lorsqu'il est à l'état de marais. Que les travaux de desséchement commencent, ou qu'ils s'achèvent, et la nature primitive des marais est entièrement métamorphosée ; les experts seront dans l'impuissance d'asseoir leur estimation sur des bases certaines, sur des faits constants ; on ne pourra plus compter que sur des souvenirs vagues et incertains. Au contraire, il en sera tout autrement lorsqu'il s'agira de procéder à l'estimation de terrains en cours ordinaire d'exploitation, près desquels on aura exécuté un canal d'irrigation. Les actes de vente, d'échange, les baux sont là pour fixer la valeur des terrains avant toute irrigation, et enfin l'état des produits reste le même ; il est facile à constater partout où l'irrigation n'est pas encore appliquée.

Ainsi la nature des choses n'impose pas ici la même marche qu'en matière de desséchements ; la loi du reste ne prescrit pas les mêmes délais. On ne peut donc opposer aucune fin de non-recevoir à la demande d'application du système coërcitif des plus-values sur des canaux d'irrigation en cours de travaux, dont ce régime faciliterait l'achèvement par les garanties qu'il donnerait à des emprunts, ou même à des canaux déjà exécutés, mais postérieurs à la loi de 1807, contre lesquels quelque intrigue locale aurait organisé une espèce de coalition pour empêcher que leurs eaux ne fussent utilisées ; citons donc l'exemple tiré de la jurisprudence du conseil d'Etat :

En 1821, l'autorité municipale de la ville de Lyon a été autorisée à exécuter l'agrandissement de la place d'Albon, par l'achat et la démolition d'un groupe de maisons comprises entre l'ancienne place et une petite rue étroite et peu éclairée; les travaux s'exéculèrent en 1822 et 1823. Les maisons du côté opposé de cette rue ont donc acquis la vue sur une place bien aérée, et où le jour et la lumière sont dans tout leur éclat. Le conseil municipal a demandé l'application des articles 30 et 31 de la loi du 16 septembre 1807, et une ordonnance royale a accueilli cette demande, bien que les travaux fussent terminés. En conséquence, on a procédé simultanément à l'estimation de la valeur des maisons avant et après l'agrandissement de la place d'Albon. De là vinrent les réclamations des propriétaires. La décision de la commission spéciale fut attaquée parce que la première estimation n'avait pas été faite avant l'exécution des travaux. Un arrêt du conseil d'Etat du 1er juin 1836 a rejeté le pourvoi, l'art. 15 de la loi de 1807, sur les desséchements de marais, n'étant pas applicable aux travaux publics dont s'occupent les art. 30 et 31 de la même loi.

En prenant cette décision pour point de comparaison, par argument *à fortiori*, on doit conclure que le système des plus-values, dont nous nous occupons, est applicable aux canaux d'irrigation en cours d'exécution, ou qui sont terminés ; sauf au gouvernement, dans sa sagesse, à apprécier les cas où cela ressemblerait à une mesure rétroactive, et à rejeter toute demande qui ne serait pas justifiée par un grand intérêt public.

Si les articles 30 et 31 de la loi du 16 septembre 1807 sont applicables aux canaux d'irrigation en cours d'exécution, à quelles conditions, dans ce cas, peut ou doit avoir lieu cette application ?

Il est incontestable qu'il y aura lieu ici, comme ci-dessus, à l'ouverture d'enquêtes, dans les formes de l'ordonnance du 18 février 1834, sur la demande spéciale du système coërcitif des plus-values.

Et, bien qu'il s'agisse d'une entreprise déjà en cours d'exécution, nous estimons également que les articles 3, 4, 5 et 6 de la loi du 16 septembre 1807 sont applicables, et que si les propriétaires étaient réunis ils pourraient demander la préférence sur les entrepreneurs ; mais, bien entendu, à charge de rembourser immédiatement, en principal et intérêts, les dépenses faites pour les travaux déjà exécutés. Le tout, comme il a été dit ci-dessus pour les simples frais d'étude.

Nous insistons sur l'application des principes qui régissent les demandes en préférence, bien que, par analogie seulement, on puisse invoquer les articles 3 et 4 de la loi de 1807 relatifs aux marais, mais c'est là un principe si favorable que nous n'avons pas hésité à en proposer l'adoption (*Voir*, page 52, la note finale).

Dans les travaux ayant une destination publique spéciale, les demandes de ce genre ne peuvent se produire ; tandis que, ici, comme en matière de desséchement, le but immédiat de l'entreprise étant l'amélioration des propriétés privées, l'autorité sera heureuse d'accueillir la demande des propriétaires ; car, d'une part, cette de-

mande assurera l'exécution des travaux d'amélioration proposés, et, d'autre part, elle fera disparaître toute espèce de contestation entre l'entrepreneur et les propriétaires qui repousseraient l'intervention d'un étranger, dont la loi n'admet le concours que pour suppléer à leur inaction et à leur incurie. Quand les propriétaires s'entendent entre eux, et qu'ils font eux-mêmes l'amélioration demandée, en matière d'irrigation comme en matière de desséchement, l'intérêt public est satisfait; mais il faut, comme nous l'avons dit, s'assurer de l'exécution de l'entreprise. Le danger de ces demandes en préférence est d'écarter un entrepreneur sérieux, et d'y substituer des propriétaires désireux de perpétuer l'ancien état de choses et heureux de rester dans l'inaction.

C'est là le mal, et quoique l'opinion puisse paraître hardie, quant à nous, nous serions disposés à admettre que toute demande en préférence constitue, lorsqu'elle est admise, un véritable contrat synallagmatique avec l'État: le demandeur en préférence a pris l'obligation de faire le canal d'irrigation, le desséchement dont il s'agit, c'est là une dette comme une autre; l'intérêt public, la prospérité et quelquefois la salubrité d'une contrée en dépendent, et l'État, représentant ces intérêts, a reçu la promesse qu'il s'agit de faire exécuter; il a donc le droit d'en poursuivre l'accomplissement.

J'hésite donc peu, en partant de ce point de départ, à conclure que l'exécution des travaux pourrait être faite d'office, par recouvrement de rôles rendus exécutoires en la même forme que ceux relatifs au curage des cours d'eau non navigables. Les règlements d'administration publique qui font les concessions de desséchements ou de canaux d'irrigation aux propriétaires demandeurs en préférence, pourraient donc contenir la stipulation qu'en cas de retard ou de négligence, il sera procédé d'office à l'achèvement des travaux dont l'exécution a été promise dans l'intérêt public. Une disposition de ce genre suffirait souvent pour prévenir le mal, elle empêcherait les coalitions qui se forment dans le but d'entraver la marche des travaux.

Si ce sont des propriétaires réunis qui demandent la préférence, ils forment entre eux une véritable société, le gouvernement peut et doit refuser de les admettre, tant qu'à l'exemple des sociétés civiles et commerciales tout n'est pas convenu d'avance, tant que les bases de la contribution de chacun ne sont pas exactement réglées, et que le mode de recouvrement, par voie administrative, n'est pas arrêté et convenu. Si ces garanties ne sont pas exigées, on perdra un temps précieux à régler les difficultés qui ne manqueront pas de s'élever entre les propriétaires demandeurs en préférence, et le plus souvent les projets ne seront pas suivis d'exécution.

Ici s'élève la double question de savoir : 1° si l'administration pourrait être contrainte d'accorder la préférence demandée par des propriétaires dont l'accord ne serait pas parfait; 2° d'après quelles règles il pourrait être procédé à la fixation de la part contributive entre les intéressés, au cas où l'administration aurait négligé d'exiger d'avance un accord complet tel que nous le demandons.

Il n'est pas douteux que l'administration, sous sa responsabilité, puisse et doive refuser une demande en préférence formée par des propriétaires qui n'auraient pas arrêté, *à priori*, le mode de répartition d'après lequel chacun devrait concourir à la confection des canaux ; car un accord incomplet et insuffisant, ne satisfait pas aux dispositions de l'article 3 de la loi de 1807 qui, en fait de marais, prescrit d'accorder la concession de desséchement aux propriétaires, soit lorsque le marais n'appartient qu'à un seul, soit lorsque, étant plusieurs propriétaires, ils seront réunis et se soumettront à l'exécuter dans les délais fixés, et conformément aux plans adoptés par le gouvernement.

Lorsque tout n'est pas réglé d'avance, l'administration est en droit de répondre aux demandeurs, qu'ils ne sont pas *réunis* dans le sens de la loi, car il faut que les volontés collectives soient liées entre elles, d'une façon tellement intime, qu'elles ne fassent plus qu'une seule volonté, et que la demande collective soit l'équivalent de celle d'un propriétaire unique.

En tous cas, il est utile que le mode de répartition et de recouvrement des taxes destinées à subvenir aux dépenses des travaux soit approuvé par le règlement d'administration publique qui fait la concession, afin qu'il puisse être procédé au recouvrement par voie administrative.

Mais comment procédera-t-on, lorsque la concession aura été accordée, avant que l'administration se soit assurée de l'accord parfait des propriétaires concessionnaires sur le mode de répartition et de recouvrement des sommes nécessaires à la confection des travaux ?

Il suffit, pour répondre à cette question, de réfléchir à la nature de la demande en préférence qui a été accueillie, et à la nature des droits, sur lesquels se sont basés les demandeurs, pour obtenir la concession. Or, il est évident que la demande en préférence consiste à substituer un entrepreneur collectif au soumissionnaire étranger, évincé moyennant remboursement de ses frais d'études ; c'est en raison des propriétés comprises au projet de périmètre de l'entreprise que chacun concourt à la concession. L'étendue et la valeur des propriétés, causes de la demande et de la concession, sont donc, par là même, la mesure naturelle de l'obligation et des charges de chacun. Il est rationnel, en effet, que les charges soient réparties en raison des mêmes principes qui ont servi de base à la demande en préférence et à la concession.

D'après cette règle, la base de répartition existe dans la matrice des rôles de l'impôt foncier, et c'est par voie de centimes additionnels spéciaux qu'on doit procéder. Supposons, par exemple, que l'impôt foncier de tous les terrains compris dans le projet de périmètre soit de 100,000 francs ; les travaux doivent coûter 2,000,000 francs; celui dont la cote d'impôt est de 1 franc devra concourir aux travaux pour 20 francs

Voilà pour la base de la contribution aux travaux.

Quant au mode de recouvrement, le syndicat organisé pour représenter les propriétaires ou les communes concessionnaires devra arrêter, chaque année, sur le rapport des ingénieurs, le montant des sommes qu'il sera nécessaire de mettre en recouvrement, et l'époque où elles devront être perçues ; ces délibérations seront rendues exécutoires par le préfet, et le recouvrement s'en fera comme en matière de contributions publiques.

Si l'on prétendait que c'est d'après le degré de plus ou moins value que chacun doit retirer de l'opération, que doit être assise la contribution aux travaux, nous répondrions que cela est impossible, car la plus-value ne peut être appréciée qu'après l'achèvement des travaux, et il s'agit précisément de leur exécution. Il est déraisonnable, d'ailleurs, d'asseoir les plus-values sur de simples espérances toujours conjecturales. Le mode de règlement des plus values, tracé par la loi de 1807, est fait pour régler le sort des propriétaires en opposition avec un entrepreneur étranger, et non pour déterminer la part contributive de chacun d'eux, lorsqu'ils demandent à devenir concessionnaires par préférence, car alors ils sont eux-mêmes entrepreneurs. Avant l'exécution des travaux, la seule base certaine, présente, actuellement connue, est celle de l'étendue et de la valeur, c'est-à-dire de l'impôt de chacune des propriétés comprises au périmètre du projet.

Si cette base n'avait pas été choisie librement entre les parties comme mode définitif de répartition, elle pourrait être imposée par l'autorité ; en cas de réclamation, cela n'empêcherait pas qu'on procédât à la fixation de la plus-value réellement produite par ces ouvrages, afin qu'on pût vérifier si l'influence des travaux s'est répartie également, et réparer les inégalités qui existeraient. Les propriétaires seraient d'abord entrepreneurs coopérant aux travaux, d'après l'étendue et la valeur primitive des terrains, et plus tard ils auraient à ajouter ou à recevoir des soultes, suivant que les résultats de l'opération seraient plus ou moins favorables.

Cette marche est compliquée, il est vrai; mais c'est l'application de la loi de 1807 ; seulement il serait bien préférable qu'un accord complet vînt, dès le principe, rendre définitives les bases de la répartition première, en sorte qu'on pût se dispenser de recourir à tout le système relatif au règlement des plus-values, tel qu'il est organisé dans la loi de 1807.

Du reste, il importe de remarquer que les actes de consentement donnés par les tuteurs des mineurs et pour les autres incapables, pourraient devenir définitifs et réguliers, par l'homologation qui serait faite dans les formes de l'article 13 de la loi du 3 mai 1841, si, comme nous le pensons, le consentement à donner dans ce cas dépasse les pouvoirs d'administration que la loi donne aux représentants des incapables.

Si des communes étaient mêlées en raison de leurs propriétés, à ces demandes en préférence, le gouvernement devrait, par application des règles de la tutelle administrative, intervenir nécessairement dans ces conventions préliminaires, et peut-être y aurait-il lieu d'appliquer les articles 70, 71, 72 et 73 de la loi du 18 juillet 1837. En tout cas, ainsi que nous l'avons dit, le gouvernement est maître d'imposer l'obligation de verser un cautionnement affecté à la garantie de l'exécution des travaux.

En résumé, il résulte de ce qui précède : 1° que l'application des articles 30 et 31 de la loi du 16 septembre 1807 ne peut avoir lieu qu'après des enquêtes pareilles à celles qui sont nécessaires pour déclarer l'utilité publique elle-même des travaux d'irrigation ; 2° que les demandes en préférence des propriétaires sont recevables, sauf au gouvernement à faire faire les études par le soumissionnaire primitif, afin que les plans soient conformes aux prescriptions de la loi ; 3° que les articles 30 et 31 sont aussi bien applicables à des travaux en cours d'exécution qu'à de simples projets, mais après enquêtes, et sauf les demandes en préférence comme ci-dessus ; 4° que ces demandes sont des engagements publics dont l'exécution forcée pourrait être requise ; 5° que le gouvernement peut exiger des demandeurs un accord complet et même le dépôt d'un cautionnement ; 6° que la base naturelle de la contribution est la nature et l'étendue des propriétés comprises au périmètre ; 7° enfin que les facilités données aux contrats pour aliénations d'utilité publique sont applicables dans le cas actuel.

§ IIᵉ.—*De la fixation du périmètre des terres irrigables et de l'estimation des propriétés avant l'irrigation.*

Quand une partie des propriétaires intéressés (1), ou un entrepreneur étranger (particulier ou compagnie industrielle), a obtenu, dans les formes ci-dessus, le droit d'appliquer à des propriétés irrigables le système coërcitif des plus values, il s'agit d'abord de fixer d'une manière précise le périmètre des terres qui doivent être soumises à ce régime, et ensuite de procéder à leur estimation. Ces opérations sont réglées par les articles 7, 8, 10, 11, 12, 13 et 14 de la loi du 16 septembre 1807.

Il faut d'abord, d'après cette loi, centraliser l'action des proprié-

---

(1) Nous disons *une partie*, car si tous sont réunis, il n'y a plus lieu à l'application des règles ci-après : tout est réglé par la concession qui organise le syndicat chargé de représenter les propriétaires.

taires, de là vient que l'article 7 dispose qu'ils seront réunis en syndicat ; les syndics sont nommés par le préfet ; ils sont choisis parmi les propriétaires les plus imposés à raison des terres à irriguer. Leur nombre est de 3 au moins et de 9 au plus ; il sera déterminé par le règlement d'administration publique qui décide qu'il y a lieu à l'application des articles 30 et 31.

Les syndics réunis nommeront un expert, les concessionnaires en nommeront un autre; le préfet nommera un tiers-expert. Si le canal d'irrigation était fait par l'État, le préfet nommerait le second expert, et le tiers-expert serait désigné par le ministre des travaux publics. (Art. 8.)

Le périmètre des terrains irrigables sera tracé sur le plan cadastral qui a servi de base au règlement d'administration publique qui prescrit la contribution des propriétaires. Ce tracé sera fait par les ingénieurs et les experts réunis. (Art. 10.)

Le plan ainsi préparé sera soumis à l'approbation du préfet, il restera déposé au secrétariat de la préfecture pendant un mois ; les parties intéressées seront invitées, par affiches, à prendre connaissance du plan, à fournir leurs observations sur son exactitude et sur l'étendue donnée aux limites jusques auxquelles se feront sentir les effets de l'irrigation. (Art. 11.)

Le préfet, après avoir reçu ces observations, celles des concessionnaires du canal, des ingénieurs et des experts, pourra ordonner les vérifications qu'il jugera convenables.

Dans le cas où, après vérification, les parties intéressées persisteraient dans leurs plaintes, les contestations seront portées devant la commission spéciale, qui les jugera.

La décision de cette commission spéciale sera affichée dans les communes intéressées, et trois mois après, à défaut de pourvoi au conseil d'État, le périmètre des terrains soumis à contribuer à l'établissement du canal d'irrigation sera définitif. (Art. 12, et règlement sur le conseil d'État du 22 juillet 1806, art. 11.)

Des opérations de nivellement suffiront souvent pour faire connaître, d'une manière exacte, les terrains irrigables, et partant le périmètre de l'opération. Mais comment procéderait-on, si la prise d'eau, qui devrait alimenter les canaux, était insuffisante pour irriguer tous les terrains susceptibles d'en recevoir le bénéfice? Comment fixerait-on le périmètre?

On devrait, selon nous, publier le projet, le plan des terrains irrigables, et comprendre par préférence dans l'opération, les terrains des propriétaires qui volontairement se présenteraient, dans le délai des enquêtes, pour demander à en jouir; sauf à eux, s'ils étaient éloignés du canal, à se pourvoir du droit de passage pour les eaux. Si ces demandes volontaires suffisaient pour absorber l'eau disponible, toute difficulté cesserait, et nul n'aurait à se plaindre; s'il restait de l'eau surabondante, les plus proches seraient compris dans le périmètre et les plus éloignés en seraient exclus. Si au contraire il se présentait plus de demandeurs qu'on ne pourrait en satisfaire, la proximité serait encore un moyen naturel de fixer les choix, après avoir donné toute préférence à ceux dont les terrains auraient été occupés en partie par les canaux d'irrigation (1).

Qui pourrait contester ce mode raisonnable de procéder? Le demandeur est préféré à l'opposant; entre les demandeurs ceux qui ont concouru par le sacrifice de leur propriété à l'œuvre commune sont préférés aux propriétaires qui n'ont subi aucune expropriation; le plus proche l'emporte sur le plus éloigné, et le même principe sert aussi de règle quand il s'agit des opposants, le plus proche marche toujours avant le plus éloigné. La commission spéciale devrait régler ces divers points d'une manière définitive.

Lorsque le plan du périmètre aura été ainsi arrêté, les deux experts nommés par les propriétaires et les entrepreneurs du canal se rendront sur les lieux. Après avoir recueilli tous les renseignements nécessaires, ils procéderont à l'estimation de chaque propriété, et ce, en présence du tiers-expert qui les départagera s'ils ne peuvent s'accorder. (Art. 13.)

En matière de desséchements de marais, c'est par classes qu'on procède à cette estimation, et la loi défend de s'occuper d'une appréciation détaillée par propriété; mais ici il y a nécessité de procéder autrement. En effet, chaque propriétaire soumis à la contribution peut se libérer de toute dette, en abandonnant sa propriété, et ce, dit l'art. 31 déjà cité, « sur l'estimation, d'après la valeur « qu'avait l'objet avant l'exécution des travaux, desquels la plus va- « lue aura résulté. » L'exercice de ce droit d'option des propriétaires nécessite évidemment une estimation en détail, et non simplement par classes, comme en matière de desséchements, où ce mode de libération n'est pas admis. (Art. 13.)

C'est en ce sens que l'arrêt du conseil d'État du 1er juin 1836, relatif aux plus-values réclamées, en raison des travaux exécutés pour l'agrandissement de la place d'Albon, par la ville de Lyon, décide notamment : « que les dispositions de l'art. 13 de la loi du 16 septembre 1807, *relatives au classement des terrains soumis aux desséchements*, ne sont pas applicables à l'estimation de l'indemnité de plus-value, qui, d'après l'art. 30 de la même loi, peut être exigée des propriétés privées, qui auraient acquis une augmentation de valeur, sans changer intrinsèquement de nature. »

Le procès-verbal d'estimation de chaque propriété sera déposé pendant un mois à la préfecture, les intéressés en seront prévenus par de nouvelles affiches, comme pour la formation du périmètre,

---

(1) Ces règles sont spéciales aux irrigations; le voisinage des autres travaux publics indique suffisamment le tracé du périmètre.

et s'il survient des réclamations, soit de la part des propriétaires, soit de la part des entrepreneurs des canaux d'irrigation (toutes choses devant être égales entre les parties), ces contestations seront jugées par la commission.

La loi ajoute : « *Dans tous les cas*, l'estimation sera soumise à ladite commission pour être jugée et homologuée par elle ; elle pourra décider outre et contre l'avis des experts. »

Est-ce à dire que, alors même qu'il n'y aurait pas de réclamations, la commission pourrait réformer les expertises et les évaluations ? Non. Nous pensons qu'à défaut de réclamations par les parties intéréssées, le procès-verbal doit être homologué, sans qu'il y ait lieu par la commission de modifier les expertises ; car il s'agit ici d'une question d'intérêt privé, les parties sont les meilleurs juges de leurs droits, alors pourquoi modifier des expertises qu'elles acceptent ? c'est un *pareatis*, c'est un *visa*, une constatation que la commission doit donner dans ce cas. Mais lorsqu'il existe des contestations, et lorsque cette commission spéciale procède comme *juridiction contentieuse*, c'est alors que le législateur l'avertit qu'elle pourra décider outre et contre l'avis des experts ; c'est un véritable jugement qu'elle est appelée à rendre, et ce jugement doit être motivé. (Art. 43 de la loi du 16 septembre 1807.) Ainsi, si elle s'écarte des bases données par les experts, elle doit en déduire les motifs. Pour avoir omis cette formalité, la décision de la commission spéciale créée pour statuer sur les plus-values de la place d'Albon, à Lyon, a vu une première fois annuler sa décision par arrêt du conseil d'État du 5 août 1831. Dans les trois mois de la publication et de la notification des décisions ci-dessus, à défaut de pourvoi au conseil d'État, les estimations faites par la commission spéciale seront définitives (de même que lorsqu'il s'est agi du périmètre. *Voir* p. 22).

Il résulte de ce qui précède 1° qu'il y a lieu successivement à la publication du périmètre des terrains irrigables, et aux estimations des terrains compris dans ce périmètre ; 2° qu'un délai d'un mois est accordé aux propriétaires et entrepreneurs, pour réclamer contre chacune de ces opérations ; 3° que le délai ne court que du jour où des affiches et publications ont fait connaître aux intéressés le dépôt des plans ou des devis estimatifs à la préfecture ; 4° qu'après ce délai, faute de réclamation, le préfet dans le premier cas, la commission spéciale dans le second, doivent les homologuer ; 5° qu'une fois cette homologation donnée toute réclamation est tardive ; 6° mais que si des réclamations ont été produites, dans les délais voulus, il doit être prononcé sur le litige, et qu'en conséquence la commission spéciale doit motiver son jugement ; 7° qu'elle a les droits d'un juge ordinaire, qu'elle n'est pas liée par les expertises et qu'elle peut ordonner toutes les informations, visites de lieux, présentations de titres, et autres mesures d'instruction propres à éclairer sa religion; 8° que les décisions contentieuses de la commission sont, pendant les trois mois qui suivent leur notification, susceptibles d'être attaquées devant le conseil d'État.

Les estimations doivent être faites à juste prix, ni au-dessus, ni au-dessous de la valeur réelle : estimer au-dessous, c'est dépouiller certainement le propriétaire d'une partie de son bien; estimer au-dessus, c'est compromettre une partie du juste prix que l'entrepreneur devait attendre de ses travaux. Dans le doute, l'intérêt du propriétaire qui n'a pas provoqué l'opération ne saurait être sacrifié. Trop souvent la tendance des commissions spéciales est, au contraire, de méconnaître les intérêts légitimes des entrepreneurs, et c'est là aussi forfaire à sa conscience, et se montrer juge prévaricateur.

§ III. — *Des terrains irrigables après la construction des canaux d'irrigation et de l'estimation de leur valeur.*

L'intervention de l'autorité publique pour contraindre les propriétaires de terrains irrigables à coopérer à la création des canaux d'irrigation, ne doit pas se borner à une coaction aveugle, c'est un acte de tutelle et de protection intelligente; aussi cette autorité doit-elle surveiller l'exécution des clauses que l'acte de concession impose aux entrepreneurs, et, après l'achèvement des travaux, il doit être procédé, sous les auspices de l'administration, à leur vérification et réception. (Art. 17, § 1er.)

« En cas de réclamations, ajoute le § 2e, elles seront portées devant la commission qui les jugera. » Or, pour arriver à ce résultat, voici la marche qui nous semble devoir être suivie. Les ingénieurs des ponts et chaussées chargés de vérifier les projets, lors de leur présentation (art. 5), doivent naturellement être appelés à constater si les ouvrages ont été faits suivant les règles de l'art, et d'après les conditions prescrites. Ils visitent les canaux, dressent un procès-verbal de l'état des lieux, et donnent leur avis qui est déposé à la préfecture pendant un mois (comme celui des experts sur les estimations avant les travaux); les intéressés en sont prévenus, par affiches, et s'il survient des réclamations, elles seront jugées par la commission spéciale. (Art. 14, 17, § 2, et 46.) S'il n'y a pas de réclamation, le procès-verbal de réception est homologué par la commission spéciale, et tout débat sur la bonne confection des travaux est désormais impossible.

Il est bon de procéder ainsi, au lieu de soumettre directement l'avis des ingénieurs à la commission, pour être homologué par elle. Car cette homologation administrative, intervenue sans mise en demeure préalable, n'empêchera pas les propriétaires de réclamer, et du droit de réclamation naît tacitement, mais nécessairement, l'obligation pour les entrepreneurs de mettre les intéressés en demeure d'exercer leur droit. Il faudrait donc que la décision de la commission fût publiée et affichée, qu'un délai d'un mois fût donné aux propriétaires pour réclamer, et ce ne serait qu'à défaut de réclamation dans le mois que la réception serait définitive.

Mais cette marche, qui a été plusieurs fois suivie en matière de dessèchements de marais, est plus lente et moins directe que celle indiquée ci-dessus ; elle a d'ailleurs l'inconvénient d'appeler la commission spéciale à prononcer administrativement d'abord sur une question qu'elle peut avoir à examiner ensuite au contentieux.

Après la réception définitive des travaux, aux termes de l'article 18, les experts respectivement nommés par les propriétaires et par les entrepreneurs, accompagnés du tiers-expert, procéderont, de concert avec les ingénieurs, à une seconde estimation des fonds compris dans le périmètre des terrains irrigables, suivant l'espèce de culture dont ils seraient devenus susceptibles, le tout dans les formes prescrites pour cette opération avant les travaux.

Nous avons démontré ci-dessus, et un arrêt du conseil d'État a appuyé notre doctrine, que si, en matière de dessèchements de marais, il faut nécessairement deux estimations séparées, l'une avant, l'autre après le dessèchement, il n'en est pas de même dans l'espèce actuelle, où l'exécution des travaux ne change pas intrinsèquement la nature des propriétés ; cependant, l'irrigation opérée, la métamorphose est complète, la plaine aride est transformée en prairie féconde ; il est donc utile qu'on procède séparément, et comme il est impossible qu'on ne rencontre pas quelques propriétaires disposés à traiter à l'amiable, leurs terrains seront irrigués les premiers, et par là on aura acquis des *types* qui, bien mieux que de simples appréciations conjecturales, guideront les experts.

Le mode de procéder de la loi de 1807 a produit beaucoup de contestations et peu d'effets en ce qui touche les marais ; cela tient à la nature des choses ; la transformation d'un marais par le dessèchement est plus lente et plus difficile à saisir que la métamorphose produite par une irrigation bienfaisante. Nous pensons donc que l'application des règles ci-dessus, prises dans le régime des dessèchements, où elles ont été improductives, deviendraient fécondes et d'une application facile en les transportant aux opérations d'irrigation.

Au reste, nous ne dissimulons pas les inconvénients qui sont nécessairement attachés à la marche embarrassée de ces doubles estimations, soumises à la juridiction des commissions spéciales et même, en appel, à celle du conseil d'État. Nous aurions préféré l'application plus simple et plus facile de la loi du 14 floréal an 11 ; mais c'est au législateur seul qu'il appartient d'en décider, et nous ne pouvons que présenter à ce sujet nos observations.

Que n'a-t-on fait une loi générale au lieu d'une loi locale lorsqu'on s'est occupé de cette question le 23 pluviôse an 12. On a alors décrété la création d'un canal d'irrigation, sur la rive gauche du Drac (Hautes-Alpes), pour fertiliser le territoire de la ville de Gap et des communes environnantes. Les articles 2, 4 et 5 sont ainsi conçus:

Art. 2. Les dépenses relatives à la construction et à l'entretien annuel de ce canal demeureront à la charge de la ville de Gap ou des communes et propriétaires qui en profiteront; et il y sera pourvu dans la forme et de la manière prescrite par la loi du 14 floréal an 11, pour le curage des rivières non navigables. Le gouvernement pourra autoriser un emprunt si cette mesure lui paraît convenable.

Art. 4. Le gouvernement est autorisé à faire tous les règlements nécessaires, tant pour l'exécution et l'avancement des travaux (1), que pour l'usage et la distribution des eaux, et la police qui devra être observée à cet égard.

Art. 5. Les contestations qui pourront s'élever sur l'exécution de la présente loi seront décidées administrativement par le conseil de préfecture (2).

§ IV.—*Règles pour le payement des indemnités dues par les propriétaires.*

Dès que l'estimation des terres susceptibles d'irrigation aura été définitivement arrêtée, et cela ne pourra avoir lieu qu'après la réception définitive des travaux, les concessionnaires des canaux d'irrigation présenteront à la commission spéciale un rôle contenant :

1° Le nom des propriétaires ;

2° L'étendue de leur propriété, le tout relevé sur le plan cadastral et sur la matrice des rôles des contributions publiques (3).

3° L'énonciation de la première estimation ;

4° Le montant de la valeur nouvelle réglée par la seconde estimation ;

5° Enfin, la différence entre les deux estimations. (Art. 19.)

Cette différence constitue le montant de la plus-value, qui doit

---

(1) Il résulte de cette disposition que le gouvernement aurait pu contraindre les intéressés à exécuter, dans les délais et d'après les plans arrêtés, les travaux dont il s'agit, ce qui était très-important ; mais aucune suite n'a été donnée au projet.

(2) Les arrêtés du conseil de préfecture sont des actes de juridiction contentieuses, susceptibles de recours devant le conseil d'Etat.

(3) La loi de 1807 dit : *le tout relevé sur ce plan cadastral.* Mais le cadastre n'est pas encore exécuté dans toutes les parties de la France, et dans celles où ces opérations sont terminées, elles ne sont pas tenues à jour, nous avons préféré l'expression de la loi du 3 mai 1841, art. 5.

être divisée entre le propriétaire et le concessionnaire, dans les proportions qui auront été fixées par l'acte de concession.

Ce rôle doit être arrêté par la commission, rendu exécutoire par le préfet (art. 20), signifié et mis en recouvrement dans la même forme que les rôles des contributions publiques.

Le montant de la plus-value est fixé en argent, de droit il est donc payable en argent; les entrepreneurs ne peuvent demander que cela, en avertissant les débiteurs qu'ils ont le choix de se libérer en rente 4 p. %, net, ou en délaissant une partie de la propriété, si elle est divisible; dans ce cas, la valeur est calculée sur le pied de la dernière estimation. Les propriétaires peuvent aussi offrir d'abandonner en entier leurs fonds, à charge par les entrepreneurs d'en payer préalablement le prix, d'après la valeur qu'ils avaient avant l'exécution des travaux, c'est-à-dire sur le pied de la première estimation. Dans ce cas, il n'y a lieu de percevoir qu'un droit fixe d'un franc, pour l'enregistrement de l'acte de partage ou de vente (1).

Si les propriétaires choisissent le mode de libération en rente 4 p. %, le capital sera toujours remboursable, même par portions, qui cependant ne pourront être moindres d'un dixième. (Art. 20, 21, 22 et 31.)

Telles sont les dispositions de la loi; mais il importe d'examiner de quelle manière ces règles seront appliquées.

Le rôle général des plus-values ne comprend, à l'égard de chaque particulier, que des énonciations dont les bases sont irrévocables (2), il n'y a que des erreurs de calculs qui semblent possibles.

En tout cas, s'il s'élève des réclamations, qui les jugera? Dans quels délais devront-elles être formées? Les rôles sont-ils provisoirement exécutoires? Enfin, comment et dans quels délais doit se faire l'option du propriétaire, et quel sera l'effet des choix ainsi opérés? Telles sont les questions principales qui se présentent.

Lorsque le rôle est rendu exécutoire, des avertissements sans frais sont adressés aux débiteurs des plus-values; mais si des réclamations s'élèvent, il résulte clairement de l'article 46 de la loi du 16 septembre 1807, que la commission spéciale est seule compétente pour juger, en premier ressort, toutes les réclamations qui pourraient être formées.

Le conseil d'État est le juge d'appel.

Si les rôles de plus values sont rendus exécutoires et recouvrés, dans les mêmes formes que les rôles des contributions publiques, là se borne l'assimilation. Ils ne sont pas exécutoires par provision, et le payement provisoire, loin d'être une condition de

(1) Voir note finale à l'appendice, p. 54.
(2) Voir p. 55, note n° 1.

recevabilité du recours, é èverait, au contraire, une fin de non-recevoir contre toute réclamation ultérieure. L'article 14 de la loi du 22 messidor an 7, et l'article 28 de la loi du 21 avril 1832, ne sont pas applicables ; ce point a été décidé, en matière de desséchements, par un arrêt du 12 janvier 1812. (*Girette contre les propriétaires des marais d'Andilly*) et par un arrêt récent du conseil du 24 février 1843 (*Dumaisniel contre les entrepreneurs du desséchement des marais de l'Authie*).

Le rôle des plus-values affecte la propriété d'une manière essentielle, et bien que, en matière d'irrigation, les bases du rôle soient le résultat d'opérations qui semblent irrévocables, nous pensons qu'on ne peut pas aller puiser dans les lois sur les contributions publiques une règle absolue sur le délai dans lequel les réclamations sont recevables, et cependant la loi de 1807 est muette sur ce point.

Cette loi ne fixe pas non plus le temps dans lequel le droit d'option des propriétaires débiteurs devra s'exercer ; il est donc rationnel que les entrepreneurs ne puissent pas, de leur autorité privée, déterminer capricieusement un délai de huitaine ou quinzaine ou même d'un mois, soit pour la recevabilité des réclamations, soit pour l'exercice du droit d'option. C'est à l'autorité publique seule qu'il appartient de prescrire un juste délai. Il serait peut-être utile que les actes de concession continssent une prescription à ce sujet. A leur défaut, lors de l'homologation du rôle des plus-values, la commission spéciale peut le faire, et sa décision, rendue exécutoire par le préfet, peut légitimement fixer le temps dans lequel devront être présentées les réclamations, ou s'exercer le droit d'option des propriétaires débiteurs. D'après l'article 8 de l'édit de Henri IV, du 8 avril 1599, sur les desséchements, les propriétaires qui avaient à exercer un droit d'option, devaient le faire dans la quinzaine de la mise en demeure qui leur était faite par affiches et publications ; cette disposition peut servir de guide, si elle ne sert de règle.

Enfin, il n'est pas sans importance de rechercher le mode de procéder à employer contre ceux qui refuseraient de s'expliquer sur les droits d'option à eux déférés, comme aussi d'examiner quel est l'effet des engagements consentis par les propriétaires apparents, au cas où ils seraient évincés plus tard. La loi de 1807, en ce qui touche les desséchements, est muette sur ces divers points, et ces difficultés ne se présentent que trop souvent. Ceux qui s'opposent à l'entreprise gardent le silence, dans l'espoir qu'au milieu du dédale des formes, on ne saura pas vaincre leur inaction et suppléer à leur silence. Ou bien, les détenteurs des parcelles de terrains ne sont pas bien connus, ou leurs droits sont précaires, et le véritable maître vient contester tout ce qui s'est fait sans son concours.

C'est cependant aux règles sur les desséchements que se réfère le législateur, pour compléter celles qu'il a indiquées dans les art. 30, 31 et 32, sur le règlement des plus-values qu'on peut réclamer des particuliers.

Faut-il, dans le silence de la loi de 1807, aux titres qui traitent des desséchements, recourir aux règlements et édits anciens qui règlent cette matière, et appliquer *de plano* aux canaux d'irrigation, ce qui ne serait admis qu'après discussion, même pour les desséchements de marais ?

La question ne manque pas de gravité ; mais comme il s'agit de combler une lacune qui existe sur la matière des desséchements, nous croyons devoir rappeler les monuments du droit ancien qui peuvent servir à résoudre la difficulté.

En ce qui touche les propriétaires négligents, défaillants ou incapables, qui n'ont pas exercé dans le délai voulu leur droit d'option, quelle règle devra être suivie ?

L'article 9 de l'édit de Henri IV, sur les desséchements, disposait que les officiers des eaux et forêts devraient, dans la huitaine qui suivrait le délai de quinzaine, donné aux propriétaires pour faire leur choix, procéder d'office à cette option, afin, y est-il dit, que les entrepreneurs « *ne soient privez du fruit de leur labeur et dépense.* » Par induction, on serait amené à reconnaître les mêmes droits aux commissions spéciales qui, en ce point, ont remplacé les anciennes maîtrises des eaux et forêts. Un avis du comité de l'intérieur, rendu le 15 avril 1829, au rapport de M. Paulze d'Yvoi, maître des requêtes, sous la présidence de M. le baron Cuvier, vient confirmer cette doctrine. Dans cet avis, le comité de l'intérieur exprime l'opinion :

« Que, de l'ensemble des dispositions de la loi du 16 septembre
« 1807, et particulièrement de l'art. 46 relatif aux attributions des
« commissions, qui dispose qu'elles connaîtront de tout ce qui
« concerne l'exécution des clauses des actes de concession relatives
« à la jouissance par les concessionnaires d'une portion des pro-
« duits, il suit que ces commissions sont appelées à statuer sur
« toutes les difficultés qui peuvent s'opposer à la prise de posses-
« sion, par les concessionnaires, des avantages qui leur sont at-
« tribués par les actes de concession ; qu'ainsi, dans le cas où les
« conseils municipaux des communes intéressées persisteraient à re-
« fuser de faire l'option qui leur est dévolue et de délaisser à la
« compagnie (concessionnaire) les portions de terrains ou la plus-
« value qui lui reviennent, c'est à la commission spéciale, instituée
« par l'ordonnance du......., qu'il appartient de statuer, comme
« étant chargée de procurer l'exécution des clauses de l'acte de
« concession, relatives au partage des produits du desséchement. »

Cette attribution des commissions spéciales semble avoir échappé à l'attention du conseil d'État, lorsque, consulté par M. le ministre de l'intérieur sur la question de savoir si ces autorités peuvent directement fixer le mode de payement des indemnités, il a répondu, le 26 avril 1843, entre autres choses : « que remettre à la commis- « sion spéciale la fixation du mode de payement de l'indemnité, ce « serait... lui donner des attributions qu'elle ne peut avoir , puis- « que ses fonctions doivent se borner à fixer la quotité de l'indem- « nité, et... qu'en cas de refus du propriétaire, mis en demeure de « se prononcer, l'administration municipale (c'est-à-dire l'entrepre- « neur, demandeur en plus value), ne peut exiger d'autre mode de « payement que celui qu'elle pourrait exiger d'un débiteur ordi- « naire, puisque la loi l'a laissée sur ce point dans le droit com- « mun. »

Serait-il vrai que la loi de 1807 ne donne aux commissions spé- ciales que le droit de fixer la quotité des indemnités dues comme plus-values de desséchement ou de travaux publics assimilés aux desséchements ? est-il vrai que, faute par les propriétaires débiteurs de se prononcer sur le mode de payement, dont le choix leur est laissé, le demandeur en plus-value soit réduit à en poursuivre le payement comme il poursuivrait celui d'une dette ordinaire? Nous ne pouvons le penser.

Si ces questions devaient être résolues affirmativement comme l'a fait l'avis de 1843, nous le craignons du moins, à l'avenir, les travaux de desséchement, déjà si difficiles, deviendraient impossibles; car la conséquence de cette solution serait d'obliger les demandeurs en plus-value à poursuivre, devant l'autorité judiciaire (en vertu du droit commun), chacun des propriétaires débiteurs. Les frais à faire seraient ruineux ; et on arriverait à cette conclusion bizarre que l'au- torité judiciaire serait chargée de terminer une opération essentielle- ment administrative, et dont toutes les phases jusque-là auraient été jugées administrativement. Non, cette conclusion n'est pas admissi- ble.

Le texte positif de l'article 46 de la loi du 16 septembre 1807 et la jurisprudence du conseil d'Etat, indépendamment de l'avis ci-dessus, du 15 avril 1829, repoussent formellement cette doctrine.

En effet, l'article 46 dispose que : « les commissions spéciales con- « naîtront de tout ce qui est relatif... à l'exécution des clauses des « actes de concessions relatives à la jouissance par les concession- « naires d'une portion des produits. » Les rôles de plus-values sont rendus exécutoires par le préfet (art. 20), et le recouvrement s'en fait administrativement, c'est-à-dire que les difficultés qui pourront s'élever seront réglées par l'autorité administrative et non par l'au- torité judiciaire.

La jurisprudence est conforme, car le premier avis du conseil d'Etat a été mis à exécution. Il s'agissait de procéder à un partage avec certaines communes, et de faire déterminer avec d'autres quel serait le mode de payement, en argent, en rentes 4 p. 0/0 ou en terrains. Sommation a été faite aux communes de se prononcer, et, après une mise en demeure infructueuse, elles ont été assignées à comparaître devant la commission spéciale qui, pour les unes, a choisi le lot qui leur revenait dans le partage, et qui, pour les autres, attendu leur défaut de ressources, a décidé que ce serait en terres qu'elles se libéreraient (1).

Cette décision est la seule de toutes celles qui, dans la vaste et difficile entreprise du desséchement des marais de Donges, ait été acquiescée et exécutée volontairement par les communes.

Il est donc impossible de s'écarter d'une marche aussi légale, aussi naturelle et aussi simple que celle indiquée par l'avis du 15 avril 1829, qui est en opposition formelle avec le principe de celui de 1843.

Pour nous, nous n'hésitons donc pas à nous attacher à la première doctrine et à repousser la seconde.

Il importe de remarquer que le mode de procéder indiqué par le comité de l'intérieur, lorsqu'on agit par interpellations individuelles, conduit à l'obtention de décisions rendues par la voie contentieuse, véritables jugements, susceptibles de passer en force de chose jugée, quand aucun appel n'est formé dans les délais de droit; mais dès qu'il s'agit d'appliquer les règles de l'autorité de la chose jugée, il faut se renfermer dans les limites étroites tracées par la loi civile, et les décisions rendues n'ont de force qu'entre les personnes mises en cause, et non à l'égard de tiers véritables propriétaires, qu'on aurait négligé d'appeler devant la commission spéciale. Il en serait autrement (ainsi que nous l'établissons plus loin), si on procédait par publications et affiches adressées généralement à tous les propriétaires compris dans le périmètre de l'entreprise. Cela se pratique en matière de desséchements.

Or, les commissions spéciales ont, pour les travaux publics régis par les art. 30 et 31 de la loi de 1807 (disposition finale de l'art. 46), les mêmes attributions qu'en fait de desséchements, il semble donc qu'il y a lieu d'appliquer aux irrigations la règle ci-dessus. En conséquence, les concessionnaires devraient appeler les défaillants ou incapables devant les commissions spéciales qui, d'office et par voie de jugement, les mettraient en demeure de faire leur choix, et les déclareraient déchus de tous droits d'option, en cas de silence dans les délais fixés.

Enfin, que décider si des évictions ont lieu contre des propriétaires qui ont traité à l'amiable avec les concessionnaires, ou contre lesquels des décisions de la commission spéciale sont intervenues dans les formes ci-dessus ?

Un arrêt du conseil du 22 octobre 1611, interprétatif de l'édit de

(1) Aujourd'hui, d'après la loi du 18 juillet 1837, il nous semble que c'est au préfet en conseil de préfecture que ce dernier droit appartiendrait.

Henri IV, disposait que les traités faits par ceux qui avaient joui paisiblement pendant dix ans des marais, étaient obligatoires pour les véritables propriétaires qui les évinceraient. D'après l'assimilation admise ci-dessus, cette disposition, en ce qui touche les traités purement amiables, pourrait, peut-être, être invoquée pour suppléer au silence de la loi de 1807.

Mais, ainsi que nous l'avons dit plus haut, la règle tracée par le comité de l'intérieur ne conduit qu'à l'obtention d'un simple jugement, susceptible de tierce opposition, n'ayant autorité de chose jugée qu'entre les parties en cause; et cela est insuffisant à l'égard des tiers réintégrés dans leurs propriétés. L'ancienne législation pourrait offrir, à défaut de règles nouvelles, un moyen d'arriver à une solution définitive. Il faudrait, par application des art. 8 et 9 de l'édit de 1559 sur les desséchements, faire signifier à tous les intéressés compris dans le périmètre des travaux, par affiches et publications réitérées trois dimanches et jours de marchés consécutifs, qu'ils sont appelés à comparaître, à jour fixe, devant la commission spéciale, pour y faire les choix et option qui leur appartiendraient, après justification régulière de leurs droits, et que, faute par eux de se présenter, avec des pièces probantes, la commission spéciale statuât comme il est dit ci-dessus.

Après une interpellation de ce genre, adressée à tous les propriétaires compris dans le périmètre, ceux qui auraient gardé le silence, et ne se seraient pas fait connaître, devraient être déclarés non-recevables à attaquer les opérations qui, sous un nom, ou sous un autre, auraient été faites relativement à leurs propriétés.

Telles sont les règles qu'il est peut-être utile d'emprunter à l'ancien droit pour combler la lacune qui existe, tant en matière de desséchement qu'en ce qui touche tous les autres travaux publics, donnant lieu à l'application du système des plus-values. Mais la législation moderne n'offre-t-elle aucune règle nouvelle? ne peut-on pas invoquer les art. 5, 16, 17, 18 et 19 de la loi du 3 mai 1841, parce qu'il s'agit ici, pour ainsi dire, d'un mode spécial d'expropriation pour cause d'utilité publique? D'après cette loi, ne pourrait-il pas y avoir lieu de regarder comme définitifs les traités passés avec ceux qui, portés au rôle des contributions directes, comme payant l'impôt foncier de telle propriété, auraient été désignés comme propriétaires de cette même parcelle sur le plan cadastral, servant de base à l'opération? Si l'on admettait ce système, il faudrait reconnaître que, dans les mêmes circonstances, les décisions de la commission spéciale, rendues après assignation individuelle avec les possesseurs apparents, auraient incontestablement le même effet.

L'analogie qui nous détermine est-elle suffisante? Nous n'osons pas être complétement affirmatifs. Cependant, qu'on ne perde pas de vue qu'aujourd'hui l'ordonnance de concession ne peut intervenir

3

qu'après l'accomplissement de toutes les formalités d'enquêtes et de déclaration d'utilité publique, prescrites par la loi du 3 mai 1841 et non requises en 1807, d'où il serait assez juste de conclure que les bénéfices de la loi nouvelle doivent être la compensation des charges qui lui sont empruntées. D'ailleurs les règlements d'administration publique, qui ont pour mission d'étendre et d'appliquer aux cas analogues les règles contenant des principes utiles, ne pourraient-ils pas combler les lacunes qui existent dans la loi de 1807 ? Or, telle nous semble devoir être leur mission. Les inconvénients qui ont fait décider que l'expropriation d'utilité publique, suivrait son cours, judiciairement ou à l'amiable, nonobstant toute action réelle, intentée contre le possesseur désigné par le rôle des contributions publiques, et par le plan spécial levé pour les travaux, ne se reproduiront-ils pas ici ? Examinons ce qui peut se passer.

La plus value a été payée en nature par l'abandon d'une partie de la propriété, le concessionnaire a revendu à des tiers la parcelle dont il est ainsi devenu propriétaire ; ce contrat sera-t-il annulé, parce que le véritable propriétaire viendra dire : « Si j'avais été là, « j'aurais préféré payer en argent. » Nous répondrons : vous jouissez des avantages de l'opération, et tout ce qui a été fait doit être stable et définitif. On est fondé à faire cette réponse au véritable propriétaire, réclamant contre l'option faite par le possesseur évincé ; car, jouir d'une propriété irrigable, d'un marais desséché, c'est jouir des droits que la loi du 3 mai 1841 transporte, de l'immeuble lui-même sur le prix de l'expropriation. En effet, la position de ce propriétaire, qui aurait, après l'éviction, une propriété moins étendue, il est vrai, mais d'un produit bien supérieur, n'équivaut-elle pas à celle du propriétaire dont les droits ont été transportés, de sa chose, sur le prix d'expropriation donné par l'administration ?

Cependant, que décider lorsque le propriétaire apparent aurait déclaré qu'il veut profiter de la faculté donnée par l'art. 31, et se libérer de toute plus value, en abandonnant la propriété qu'il détient, au prix fixé par l'estimation avant les travaux ? L'entrepreneur devrait-il s'assurer de la réalité des droits de celui qui ainsi veut lui vendre la propriété qui ne lui appartient réellement pas ?

La loi du 3 mai 1841 n'oblige pas l'acquéreur pour cause d'utilité publique à payer immédiatement et sans examen, à celui qui est désigné par la matrice des rôles, le prix des terrains aliénés volontairement ou expropriés pour cause d'utilité; la loi a seulement créé une faculté que les nécessités de l'apurement de la comptabilité publique permettent d'employer; mais, c'est là tout. Il sera donc rationnel, alors surtout qu'il s'agira d'un mode d'aliénation facultatif et presque volontaire, que le concessionnaire ne paye le prix de la propriété qui lui est abandonnée, au taux des premières estimations avant les travaux, qu'après s'être assuré s'il paye au véritable propriétaire, et, dans le doute, il devra en consigner le prix.

Il fera bien d'exiger, dans ce cas, une preuve complète des droits du détenteur qui propose l'aliénation, ou il devra refuser de consentir à ce mode de payement, jusqu'à ce que la commission spéciale l'y contraigne.

S'il survenait des difficultés sur les conséquences de décisions rendues en cette matière par les commissions spéciales, ce serait à ces mêmes commissions spéciales, en 1re instance, et au conseil d'État en appel, qu'il appartiendrait de décider quels sont les effets de leurs décisions; et comme il existe une séparation absolue entre l'autorité administrative et l'autorité judiciaire, il est évident que cette dernière autorité serait incompétente, pour déterminer quelle serait la portée et l'efficacité des décisions des commissions spéciales intervenues pour régler, d'une façon ou d'une autre, l'exercice des droits d'option, soumis à leur juridiction.

Cette doctrine s'appuie sur une ordonnance de conflit du 5 septembre 1838, rendue en matière de desséchements, entre M. Desmortiers et le sieur Vince.

Cette ordonnance est intervenue dans les circonstances suivantes : La compagnie de Bray, concessionnaire du desséchement des marais de Donges, avait anciennement traité avec les communes propriétaires de marais communs, compris dans le périmètre du desséchement, et, moyennant l'abandon de moitié de la propriété, elle était convenue de faire et d'entretenir à perpétuité le desséchement. Après la réception des travaux, la compagnie voulut réaliser cette partie des bénéfices, et se faire payer au moins par les communes; mais celles-ci refusaient de faire le choix qui leur appartenait, entre tel ou tel lot, entre tel ou tel mode de payement. En conséquence de l'avis précité, du 15 avril 1829, la compagnie assigna les communes à comparaître devant la commission spéciale, qui, par décision du 29 août 1829, partagea chaque propriété entre les communes et les concessionnaires du desséchement. Or, dans ce partage furent compris des terrains désignés, comme appartenant à la commune de Donges, mais qui depuis ont été déclarés appartenir au sieur Vince, par un jugement du tribunal de Savenay du 23 janvier 1838, confirmé par arrêt de la cour de Rennes du 30 mai suivant.

Ces jugement et arrêt ne se bornaient pas à décider que le sieur Vince était propriétaire avant le partage administratif de 1829, ils décidaient que cet acte administratif n'avait pu nuire ni préjudicier aux droits du sieur Vince. Il y avait là empiétement sur les attributions de l'autorité administrative, et une ordonnance rendue sur conflit, le 5 septembre 1838, a annulé cette partie de l'arrêt (1).

_____

(1) Depuis, la question de l'effet du partage administratif de 1829 a été soumise

Ajoutons enfin que l'art. 23 de la loi de 1807, relatif aux hypothèques est applicable aux cas spécifiés ci-dessus, et que, dès lors, les indemnités dues aux concessionnaires, à raison de la plus-value résultant de leurs travaux, sont privilégiées sur toute ladite plus-value, à la charge seulement de faire transcrire l'acte de concession dans le bureau ou dans les bureaux des hypothèques de l'arrondissement ou des arrondissements de la situation des terres qu'il s'agit de rendre irrigables.

L'hypothèque de tout créancier antérieurement inscrit sera restreinte, au moyen de la transcription ci-dessus ordonnée, sur une portion de la propriété égale en valeur au montant de la première estimation des terrains devenus irrigables.

La loi ne prescrit aucun délai pour l'inscription conservatrice du privilége civil qu'elle octroie, est-ce à dire que le concessionnaire soit maître de prendre cette inscription quand bon lui semble, fût-ce quatre ou cinq ans après l'achèvement des canaux d'irrigation ? Nous ne pouvons admettre cette opinion. En effet, si la possibilité d'irriguer des terrains suffit à elle seule pour en augmenter notablement la valeur, cette augmentation est destinée à devenir le gage des tiers qui ont à prêter des fonds aux propriétaires de ces héritages, dès qu'ils sont devenus irrigables. Or, à défaut d'inscription, après l'achèvement des canaux d'irrigation, les tiers doivent croire que le constructeur du canal n'a pas réclamé le régime des plus-values forcées, qu'il y a renoncé ou qu'il en est payé.

La loi de 1807 ne fixe pas, il est vrai, le délai dans lequel l'inscription dont il s'agit doit être prise, mais cependant elle ordonne qu'une inscription sera prise. Cela devra donc avoir lieu dans des délais assez brefs, à peine d'induire les tiers en erreur ; nous avons donc pensé qu'on devait procéder comme lorsqu'il s'agit du privilége des architectes et entrepreneurs, dont parle le § 4 de l'art. 2103 du Code civil, et que cette inscription doit être prise dans les six mois, au plus tard, de l'achèvement des travaux. Ici seulement il suffit d'une seule inscription, tandis que les architectes et entrepreneurs doivent faire transcrire 1° le procès-verbal d'estimation avant les travaux, 2° celui de réception, et ce dernier dans les six mois de l'achèvement des travaux. D'où la conclusion que si la transcription n'a lieu que le 8e mois, et qu'antérieurement pendant le 7e une inscription ait été prise par un créan-

---

à la commission spéciale qui y avait procédé, par voie de jugement, sur assignation directe donnée à la commune, et non après une interpellation adressée à la généralité des propriétaires dont les marais étaient compris dans le périmètre du desséchement. Aussi, par décision du 21 septembre 1839, la commission spéciale a-t-elle décidé que le partage rendu en forme de jugement en 1829, n'avait aucun effet à l'égard du sieur Vince. Il y a pourvoi au conseil d'État, mais le département des travaux publics, consulté sur le mérite du recours, a, le 11 juin 1844, émis l'avis que la décision de la commission spéciale devrait être confirmée.

cier, celui-ci prime le privilége (art. 2113 du Code civil). Il en doit être de même à l'égard des entrepreneurs de travaux d'irrigation qui négligent de faire transcrire leur acte de concession. Ajoutons enfin, que les difficultés qui s'élèveraient entre les concessionnaires et les créanciers inscrits, prétendant que l'entrepreneur n'a pas conservé ou qu'il a perdu son privilége, sont des questions de droit civil de la compétence exclusive de l'autorité judiciaire : ce que nous venons d'exposer est donc un motif de plus pour déterminer les entrepreneurs de canaux, qui voudraient user des plus-values forcées, à demander l'ordonnance qui les y autorise avant l'achèvement de leurs travaux, et à faire inscrire cette ordonnance au plus tard dans les six mois de la réception de leurs ouvrages.

Telles sont les règles principales qui nous semblent régir l'application du régime des plus-values, ainsi que l'a conçu la loi du 16 septembre 1807; et, afin de résumer ce dernier paragraphe, nous dirons : 1° que le rôle des plus-values doit être préparé, arrêté et confirmé en cas de contestations, de même que pour les desséchements; 2° que ce rôle est recouvrable en la même forme que ceux des contributions publiques, mais sans qu'on puisse exiger aucun payement provisoire; 3° qu'à défaut de la loi, c'est aux règlements d'administration publique ou à la commission spéciale qu'il appartient de fixer dans quels délais les réclamations devront être formées. 4° Il en est de même pour le délai dans lequel doit se faire l'option entre les divers modes de libération. 5° Les commissions spéciales sont compétentes pour déclarer déchus de tout droit d'option les débiteurs mis en retard. 6° Pour être applicables aux tiers véritables propriétaires inconnus, leurs décisions doivent être précédées d'affiches et de publications dans la forme indiquée par l'édit de 1559, sur les desséchements de marais. 7° Les traités amiables, ou les simples jugements émanés des commissions spéciales intervenues avec les propriétaires apparents désignés au rôle des contributions et au plan cadastral de l'entreprise, peuvent être opposés aux véritables propriétaires survenants. 8° Cependant, en cas de doute sur la propriété, les entrepreneurs de canaux feraient bien de refuser d'acquérir les terrains irrigables au prix de la première estimation. 9° Les contestations sur les effets des décisions rendues par les commissions spéciales sont de la compétence exclusive de l'autorité administrative, à l'exclusion de l'autorité judiciaire. 10° Bien que la loi ne fixe pas le délai dans lequel doit être prise l'inscription conservatrice du privilége des entrepreneurs de canaux, en raison de la plus-value qui leur appartient, d'après le Code civil, c'est, au plus tard, dans les six mois de l'achèvement des travaux que cette inscription doit être prise, à peine de voir le privilége se changer en un simple droit hypothécaire.

TITRE II.

DE L'ENTRETIEN DES CANAUX D'IRRIGATION ET DE LEUR CONSERVATION.

La loi de 1807 que nous invoquons ne contient rien, dans les art. 30, 31 et 32, qui soit relatif à la conservation et à l'entretien des travaux publics donnant lieu à l'application des principes sur les plus-values : faut-il en conclure qu'aucune des règles relatives aux marais ne doive être applicable, ou faut-il, suppléant au silence de la loi, introduire ici toutes les règles contenues au titre VI de la loi de 1807 ? Nous n'hésitons pas à penser qu'une distinction doit être admise en ce qui touche les frais d'entretien et de curage, d'une part, et les juridictions compétentes pour connaître des contraventions et réparations de dommages, d'autre part.

On peut et on doit, par simple induction, appliquer aux canaux d'irrigation les principes relatifs aux frais d'entretien et de curage ; mais quelque raison d'assimilation qu'il puisse exister, nous ne pensons pas, à défaut d'une loi spéciale, qu'on puisse suivre ici les principes relatifs aux juridictions appelées à connaître des contraventions et dommages (aucune des dispositions de ce titre n'est applicable aux travaux entrepris directement par l'État, les départements et les communes, autres que les canaux d'irrigation).

§ Ier. — *De l'organisation des syndicats chargés de l'administration et de l'entretien des canaux d'irrigation, des frais y relatifs.*

Occupons-nous d'abord de ce qui est incontestable.

Il n'est pas douteux que, durant le cours des travaux, les canaux, fossés, rigoles et autres ouvrages, doivent être gardés et entretenus aux frais des entrepreneurs (art. 25). Ainsi que nous l'avons dit ci-dessus, ce n'est qu'après la réception des ouvrages qu'on peut exiger des propriétaires le montant des plus-values, tel qu'il est réglé par l'acte de concession ; mais, après cette réception, il se présente deux hypothèses : ou par ces plus-values les entrepreneurs ont été complétement payés de leurs travaux, et chacun doit recevoir gratuitement l'eau destinée à l'irrigation de la propriété, ou au contraire les entrepreneurs restent propriétaires des canaux d'irrigation, vendant aux détenteurs des terrains irrigables l'eau qui leur est utile, et cela au prix dont le maximum est déterminé par un règlement d'administration publique. Dans ce dernier cas, il est certain que les fondateurs du canal en demeurent propriétaires et détenteurs, et qu'en conséquence ils doivent rester seuls chargés de son entretien ; mais doivent-ils, à cet égard, être livrés à eux-mêmes, doivent-ils être les seuls appréciateurs de l'utilité et de la nécessité des travaux d'entretien ? Evidemment non ; car, d'une part, le gouvernement qui leur a délégué le droit d'expropriation pour la création de canaux d'irrigation reconnus d'utilité publique, a le droit et le devoir de veiller à la conservation de ces mêmes canaux, et, d'autre part, les propriétaires soumis au régime des plus-values sont également intéressés à leur maintien. Or, pour assister l'administration dans cette mission de surveillance, il est utile de recourir à la création d'un syndicat, dont les membres sont choisis parmi les propriétaires intéressés. Dans ce cas, le budget des travaux doit être dressé chaque année entre le syndicat et les entrepreneurs des canaux, les ingénieurs donnent leur avis, et le préfet statue. Le syndicat doit, au reste, être organisé par règlement d'administration publique, d'après les bases indiquées ci-après.

Dans le cas où les plus-values payées par les propriétaires sont considérées comme un dédommagement suffisant des frais d'établissement des canaux d'irrigation, ces travaux doivent être remis aux propriétaires intéressés, tant anciens que nouveaux, et la garde et l'entretien des canaux sont mis à la charge de chacun suivant son intérêt, c'est-à-dire au prorata de la quantité d'eau qu'il consomme.

Les syndics provisoires nommés par le préfet (art. 7 de la loi de 1807), auxquels cet administrateur pourra en adjoindre deux ou quatre, pris parmi les nouveaux propriétaires , c'est-à-dire parmi les détenteurs de terrains abandonnés en nature comme payement des plus-values, sont chargés de proposer au préfet un projet de règlement d'administration publique , destiné à pourvoir à l'organisation du syndicat définitif, appelé à veiller à la conservation et à l'entretien des canaux d'irrigation.

Ce projet doit être communiqué aux ingénieurs pour avoir leur avis ; cela est de jurisprudence administrative, et la commission spéciale est enfin appelée, aux termes de la loi de 1807 (art. 26 § 2 et art. 46), à donner son avis sur l'organisation du mode d'entretien des travaux. Le projet ainsi élaboré, le préfet adresse ses propositions, sous forme d'arrêté, au ministre des travaux publics , l'affaire est examinée en conseil des ponts et chaussées, et c'est sur le rapport de ce ministre , qu'il est statué en conseil d'Etat (art. 26).

Le syndicat définitif doit être chargé d'administrer et de surveiller les intérêts de l'association composée de tous les détenteurs des terrains irrigables; les membres du syndicat sont choisis par le préfet , autant que possible parmi les propriétaires les plus imposés relativement à l'arrosage. Chaque année un des membres est soumis à la réélection ; l'un d'eux, désigné par le préfet, remplit les fonctions de président ou de directeur ; c'est lui qui demeure chargé des archives de l'association, convoque et préside les assemblées, surveille l'exécution des travaux, propose le budget, délivre les mandats d'à-compte ou de payement définitif, vérifie la caisse du receveur et correspond, au nom du syndicat, soit avec l'autorité administrative, soit avec les tiers, pour la défense des intérêts de l'association.

Il importe que les budgets de travaux soient publiés afin que les intéressés puissent faire valoir leurs observations ; d'ailleurs c'est à une des meilleures garanties qu'on puisse acquérir de l'exactitude avec laquelle les taxes seront acquittées ; car que peut objecter celui qui a été mis en demeure de s'expliquer à l'avance ? Le syndicat est chargé d'arrêter le chiffre des budgets; s'il y a contestation, c'est le préfet qui statue. En tout cas, son homologation est nécessaire pour la validité de toutes les délibérations. Le syndicat est chargé d'examiner tous les projets de travaux et de curage, d'en proposer le mode d'exécution, de passer les marchés en la forme admise pour les travaux publics autant que faire se peut), de présenter au choix du préfet les conducteurs de travaux et aiguadiers, dont le concours est nécessaire pour veiller au partage des eaux.

Les travaux d'urgence peuvent être prescrits par le directeur seul, sauf à en rendre compte au syndicat et au préfet, ou même d'office par ce magistrat, lorsqu'il s'agit de faire cesser des dommages ayant un caractère de généralité qui les fait rentrer dans la classe des dommages publics.

Quant à la comptabilité, un receveur, proposé par le syndicat et choisi par l'autorité préfectorale, dresse les rôles d'après les répartitions délibérées par le syndicat. Ces rôles sont rendus exécutoires par le préfet, ils sont payables aux époques y désignées (et non de droit par douzième comme les contributions publiques), nul ne peut réclamer sans justifier du payement des termes échus; c'est là une condition rigoureuse de la recevabilité du recours ; les réclamations doivent être formées dans les trois mois de l'émission des rôles, et ce, à peine de déchéance. Enfin, le conseil de préfecture est le juge de ces réclamations, sauf appel au conseil d'État, et, ici comme en matière de contributions publiques, nul ne peut d'office réclamer pour son voisin. Voir, sur ce dernier point, en matière de contributions publiques, les *Arrêts du conseil d'État* des 16 juillet 1840 (*Clausade Mazieux*), 6 août suivant (*Malot pour Souhait*) et 15 juillet 1841 (*Ministre des finances contre Pla*).

Mais à la différence des règles générales sur les impôts, dont les cotisations se prescrivent par trois ans, lorsque le recouvrement des rôles d'entretien n'est pas nécessaire, le syndicat peut proposer et le préfet ordonner de suspendre le recouvrement sans qu'on puisse, plus tard, opposer la prescription triennale. Ainsi jugé par rejet du pourvoi des époux Garriga. (29 octobre 1823. *Arrêt du conseil d'État.*)

La comptabilité des syndicats, pour la recette et la dépense se fait par année du 1er au 31 décembre de chaque exercice, et les deux chapitres se composent :

1° Du budget en recette et en dépense de l'année ;

2° Des restes à payer ou recouvrer de l'année précédente ;

3° Des recettes et dépenses extraordinaires (Circulaire du ministre des finances du 23 janvier 1844).

Le syndicat examine les comptes du receveur, et déclare si ce compte est susceptible de recevoir la sanction du conseil de préfecture, ou, si au contraire des rectifications doivent être faites, il motive ses observations ; le tout est soumis au conseil de préfecture qui statue, sauf recours à la cour des comptes, sur l'appel du syndicat ou du comptable. Ici c'est particulièrement par application de la loi du 14 floréal an 11 qu'on procède, tandis que pour les plus-values c'était exclusivement aux termes de la loi du 16 septembre 1807.

Il résulte donc de ce qui précède, qu'il y a lieu à la formation d'un syndicat pour veiller à l'entretien des canaux d'irrigation qui seraient soumis au régime des plus-values, et que ce syndicat a les mêmes droits et les mêmes devoirs que ceux qui sont chargés de veiller à l'entretien des dessèchements de marais.

§ II. — *Des dommages et contraventions.*

L'administration départementale a mission, sous l'autorité et l'inspection du roi, comme chef suprême de l'administration générale du royaume, de veiller à la conservation des rivières, chemins et autres choses communes, ainsi qu'au maintien de la salubrité et de la tranquillité publiques (loi du 22 décembre 1789—8 janvier 1790). Elle doit aussi rechercher et indiquer les moyens de procurer le libre cours des eaux, de diriger enfin, autant qu'il sera possible, toutes les eaux de son territoire, vers un but d'utilité générale, d'après les principes de l'irrigation (loi en forme d'instruction des 12-20 août 1790). Enfin, aux termes de la loi des 28 septembre-6 octobre 1791, titre II, article 15 : personne ne peut inonder l'héritage de son voisin, ni lui transmettre volontairement les eaux d'une manière nuisible, sous peine d'en payer le dommage et une amende, qui ne peut excéder la somme du dédommagement. Aux termes de l'article 16, les retenues d'eau pour usines (et pour irrigation, le motif est le même) doivent être tenues à une hauteur qui ne nuise à personne. En cas de contravention, la peine sera une amende qui ne pourra excéder la somme du dédommagement. Tels sont les principes généraux que nous avons dû rappeler, car, bien que les canaux d'irrigation aient été assimilés par nous, sous le rapport administratif, aux canaux et fossés de dessèchement, les dispositions de l'article 27 de la loi du 16 septembre 1807, qui rangent ces derniers dans les objets soumis au régime de la grande voirie, sont limitatives, et nous ne pouvons les étendre aux canaux d'irrigation même déclarés d'utilité publique (1). D'après l'analogie des motifs, une règle uniforme devrait être appliquée; mais c'est au législateur seul qu'il appartient de prononcer ; l'administrateur ou le juge sont incompétents pour le faire. Dans l'état actuel de la législation, l'article 27 doit rester spécial aux travaux de desséchement, aux digues établies contre les torrents, les rivières, les fleuves ou sur les bords des lacs et de la mer, seuls travaux publics qui sont rangés, d'après cette loi, dans la classe de ceux soumis au régime des lois sur la grande voirie, tel qu'il a été créé pour les grandes routes, les rivières, les fleuves et les canaux navigables.

Ainsi, toute action répressive, toute action civile en dommages et intérêts, à l'occasion des dégâts causés aux canaux d'irrigation, alors même qu'ils sont déclarés d'utilité publique, appartient exclusivement à l'autorité judiciaire.

Mais les préfets, en vertu des pouvoirs généraux qu'ils tiennent des lois ci-dessus rappelées, pourront toujours, sur les canaux d'irrigation comme sur les petits cours d'eau, ordonner la destruction des obstacles qui seraient apportés au libre cours des eaux. Cette mesure, toute d'intérêt public, est indépendante de l'action pénale ou de l'action en dommages et intérêts qui sont dans les attributions de l'autorité judiciaire; et cette indépendance est telle, en vertu de la séparation des deux pouvoirs, que l'autorité judiciaire ne pourrait réformer les arrêtés des préfets ni y porter atteinte, sans forfaiture et excès de pouvoir.

Outre cette mesure purement administrative, les préfets ont encore le droit de faire des règlements de police, sanctionnés par l'article 471, nᵒ 15 du code pénal actuel, et comme l'a sagement fait remarquer M. Nadault de Buffon dans son *Traité des Usines*, liv. 4, chap. 9. « En dressant des règlements prohibitifs des diverses entrepri-
« ses nuisibles qui se commettent le plus fréquemment sur les cours
« d'eau de leur territoire, les préfets réaliseront une amélioration
« du plus haut intérêt, » car le défaut de dommages, ou le silence du propriétaire non réclamant, entrave l'application des articles 15 et

---

(1) Cependant ceux de ces canaux qui sont une dérivation d'une rivière navigable et flottable peuvent être considérés comme une dépendance du domaine public; en conséquence, les contraventions pourraient être poursuivies devant les conseils de préfecture, par application de la loi du 29 floréal an 10. (*Voyez* Arrêt du conseil, 22 août 1838, *Riattu*.) Au reste, la loi qui interviendra sur cette matière devrait, selon nous, établir une distinction entre les grands canaux déclarés d'utilité publique dans les formes de la loi du 3 mai 1841, et les barrages d'irrigation autorisés en vertu des lois des 12 20 août 1790, 28 septembre-6 octobre 1791, de l'arrêté du gouvernement du 19 ventôse an 6, et conformément aux circulaires des 19 thermidor an 6, et 16 novembre 1834. Les premiers sont susceptibles d'être soumis au régime de la grande voirie, les seconds doivent rester sous l'empire des règles ordinaires, car ils sont des propriétés purement privées.

16 de la loi du 28 septembre—6 octobre 1791. Si ces principes sont vrais en matière de petits cours d'eau ordinaires, à combien plus forte raison doit-il en être de même, lorsqu'il s'agira de la police des canaux d'irrigation.

Quant aux dommages causés aux propriétés riveraines, par l'établissement des canaux d'irrigation, et par l'entretien des travaux nécessaires à leur conservation, il faut distinguer entre les canaux déclarés d'utilité publique, conformément à la loi du 3 mai 1841, et ceux qui sont purement d'intérêt privé, quoique la prise d'eau qui les alimente soit régulièrement autorisée.

Il est certain que toutes les actions intentées à l'occasion de ces derniers doivent être soumises à l'autorité judiciaire, le débat ne roule qu'entre des intérêts privés.

Mais, en ce qui touche les canaux déclarés d'utilité publique, par cela seul qu'ils sont de véritables travaux publics, ils sont soumis à la législation spéciale en cette matière; or, ici les règles sont bien simples :

Ou les travaux publics entraînent l'occupation absolue et complète de tout ou de partie des propriétés privées; et alors il faut distinguer entre les occupations permanentes et temporaires. Si l'occupation est permanente, il y a lieu à expropriation pour cause d'utilité publique, dans les formes de la loi du 3 mai 1841, et l'autorité judiciaire (jury spécial d'expropriation) est seule compétente. Mais s'il s'agit d'une occupation temporaire, l'indemnité doit être fixée conformément aux lois des 6-7, 11 septembre 1790, 28 pluviôse an 8 et 16 septembre 1807, par l'autorité administrative (conseil de préfecture en première instance, conseil d'État en appel).

Mais lorsqu'il s'agit de dommages causés aux propriétés et non d'occupation totale du terrain, lorsque, par exemple, l'écoulement des eaux est interrompu, lorsqu'on nuit aux jours d'un bâtiment, qu'on en rend l'accès difficile ou impossible, peu importe que ces dommages soient permanents ou temporaires, l'autorité administrative est seule compétente pour en connaître.

Cependant une partie des tribunaux de l'ordre judiciaire nie cette doctrine, et le conseil d'État ne l'a pas toujours professée; mais aujourd'hui sa jurisprudence est formelle et constante; et, comme le roi, en son conseil, est le juge souverain des conflits d'attribution qui peuvent s'élever entre les autorités judiciaire et administrative, c'est, en définitive, à la jurisprudence du conseil d'État qu'il faut se soumettre.

Du reste, la justification de la doctrine actuelle est simple et facile : sous l'empire de la loi du 16 septembre 1807, il est incontestable que les conseils de préfecture étaient compétents pour connaître à la fois de toutes les questions de dommages permanents ou temporaires, et des questions d'expropriation réelle.

Or, les questions d'expropriation pour cause d'utilité publique ont été seules retirées aux conseils de préfecture pour être attribuées à l'autorité judiciaire, ainsi que cela résulte des lois des 8 mars 1810, 7 juillet 1833 et 3 mai 1841 ; les questions de dommage, quelles qu'en soient la nature et la durée, sont donc restées aux conseils de préfecture.

Il est vrai que, sous l'empire de la loi du 8 mars 1810, les tribunaux civils étant chargés de fixer le montant des indemnités en matière d'expropriation, firent le raisonnement suivant : « Si nous « sommes compétents, en cas d'expropriation, pour fixer l'indem- « nité afférente à la moitié, au quart, au dixième d'un domaine, « nous le sommes également pour déterminer la réparation qui est « due au propriétaire auquel on cause un dommage permanent, et « qui lui fait perdre la moitié, le quart, le dixième de la valeur de « sa propriété. La jouissance moins utile de la totalité d'un do- « maine équivaut à la perte totale d'une partie, le surplus restant « au propriétaire. »

Mais la loi du 16 septembre 1807 attribuait déjà la connaissance de ce genre de questions aux conseils de préfecture, et le vice de ce raisonnement spécieux, admis pendant longtemps, a été démontré, du jour où la fixation des indemnités dues en cas d'expropriation a été retirée aux tribunaux civils, pour être attribuée au jury d'expropriation ; car, d'une part, le jury n'a jamais connu des questions de dommages qu'accessoirement à une expropriation réelle, et, d'autre part, la loi du 8 mars 1810 est formellement abrogée (art. 77 de la loi du 3 mai 1841) ; en sorte qu'aujourd'hui les tribunaux civils n'ont d'autre attribution en matière d'expropriation que celle que leur confère la loi précitée du 3 mai, et, excepté pour les occupations provisoires et d'urgence, cas dans lequel les tribunaux civils fixent le montant de la somme à consigner, c'est au jury seul qu'il appartient de fixer l'indemnité due, parce qu'il s'agit d'expropriation, ou aux conseils de préfecture, parce qu'il s'agit de dommages quelle qu'en soit la nature ou la durée.

À quel titre aujourd'hui les tribunaux de première instance et les cours royales prétendraient-ils connaître des dommages permanents, alors que la loi nouvelle ne leur confère pas cette attribution, que celle du 8 mars 1810 est abrogée, et que, dès 1807, la connaissance de ces questions (qu'il s'agisse de dommages permanents ou temporaires) appartenait incontestablement aux conseils de préfecture, dont la juridiction en cette matière n'a jamais été modifiée.

En ce qui touche les questions de dommages et de contraventions, nous nous résumerons en disant : 1º que les préfets ont, sur les canaux d'irrigation déclarés d'utilité publique, les mêmes droits de police que sur les autres cours d'eau d'un usage commun, et qu'il est utile qu'ils usent du droit de règlement qui leur appartient ; 2º qu'à moins que ces canaux ne soient une dérivation des eaux d'un fleuve ou d'une rivière navigable ou flottable, les contra-

ventions commises sur les canaux d'irrigation déclarés d'utilité
publique ne sont que des contraventions ordinaires soumises à l'autorité judiciaire ; 3° que si les travaux de construction ou d'entretien donnent lieu à l'occupation complète de tout ou partie des propriétés privées, il faut distinguer entre l'occupation permanente
donnant lieu à expropriation devant le jury (*loi du* 3 *mai* 1841) et
les occupations temporaires donnant lieu à indemnité dont la fixation appartient aux conseils de préfecture; 4° que, quant aux simples dommages, qu'ils soient temporaires ou permanents, c'est toujours à l'autorité administrative (conseils de préfecture et conseil
d'Etat) et non à l'autorité judiciaire qu'il appartient d'en connaître.

CONCLUSION.

Telles sont les observations principales que nous avons cru
utile de présenter sur la question neuve, et, par suite d'une application difficile, de savoir quelle est l'impulsion que le gouvernement peut
donner à la création des canaux d'irrigation. Administrer ne consiste
pas seulement, suivant nous, à faciliter et diriger les améliorations
que d'un commun accord les citoyens se proposent d'entreprendre.
La mission de l'autorité, parce qu'elle est autorité, est quelquefois
de vaincre les résistances locales, elle doit substituer les vues éle-
vées de l'intérêt public aux étroites pensées de l'égoïsme ou de la
routine. Et les mesures qu'elle prend, dans ce cas, dès qu'elles
sont appliquées, cessent, en raison du bien qu'elles produisent,
d'être considérées comme actes de rigueur, et les populations qui
d'abord les repoussaient et s'y montraient le plus hostiles, les acceptent avec faveur.

Tout en prévenant nos lecteurs de la nouveauté de notre théorie,
nous ne devons pas leur laisser ignorer qu'un savant conseiller
d'État, M. Macarel, dans le cours qu'il professe à l'école de droit de
Paris, a émis le regret public que l'administration fit une application aussi rare des dispositions des articles 30, 31 et 32 de la loi de
1807, et qu'elle n'eût pas recours plus souvent à l'intervention des
commissions spéciales de travaux publics, organisées par le titre X
de la loi de 1807, loi qui, après celle sur l'expropriation pour cause
d'utilité publique, tient le premier rang parmi les dispositions qui
régissent les travaux publics.

Nous nous sommes d'ailleurs rappelé avoir entendu le même
professeur, dans le cours d'administration générale qu'il a fait, en
1840, à l'Ecole de Droit, consacrer une de ses leçons à la matière
importante des irrigations, et exciter l'enthousiasme de son audi-
toire lorsqu'il disait « que c'est un tort envers la Providence et
« presque un crime envers la société, que de laisser s'écouler à la
« mer une seule goutte d'eau, sans l'avoir utilisée au profit de l'a-
« griculture ou des arts. »

Ce sont ces regrets et ces vœux qui, en partie, nous ont inspiré ce travail.

La loi de 1807, dans les articles 30, 31 et 32, n'a reçu que peu d'applications, et des difficultés, nées de l'inexpérience, ont embarrassé la ville de Lyon, qui, la première, avait eu recours à cette législation. Nous avons voulu, en traçant dans tous ses détails la marche à suivre, sinon aplanir les obstacles, au moins signaler les écueils, afin qu'on pût les éviter.

Enfin nous ne devons pas terminer sans avertir nos lecteurs que M. Nadault de Buffon, *Traité des Irrigations*, tome III, pages 487 à 492, fait connaître qu'une question analogue à celle qui nous occupe s'est présentée dans le département de Vaucluse, à l'occasion d'un projet de canal demandé par l'association de l'Isle; et la réserve que ce savant ingénieur met à produire le système des pétitionnaires, prouve assez que la pensée de l'administration supérieure ne doit pas être favorable à la proposition des ingénieurs locaux, qui demandaient de faire faire ce canal d'irrigation *par une association forcée, entre les terrains arrosables.*

Ainsi posée, la question nous semble devoir être résolue négativement. Mais si les communes intéressées offraient de construire par leurs propres ressources le canal dont il s'agit, et qu'elles ne demandassent aux propriétés devenues irrigables qu'une partie de la plus-value produite par l'établissement du canal, ce serait là le cas d'appliquer la théorie que nous venons de développer.

APPENDICE.

§ 1ᵉʳ.—*Documents de législation étrangère sur la coopération forcée des propriétaires de terrains arrosables à la construction et à l'entretien des canaux d'irrigation.*

(Voir page 15).

Dans les pays où le système des irrigations est appliqué depuis les temps les plus reculés, comme il n'y a plus à *créer,* mais à *entretenir* et à *perfectionner*, la législation, faite pour les besoins réels, ne parle pas de la création des canaux d'irrigation, elle se borne à régler leur mode de curage, d'entretien et de perfectionnement. On ne trouve de textes relatifs à la coopération des citoyens à la création des canaux d'irrigation, que chez les peuples où la législation devance les mœurs, où le législateur est obligé d'éclairer les citoyens sur leurs véritables intérêts, et de les contraindre à procurer la prospérité publique en s'enrichissant eux-mêmes.

Le rapport remarquable adressé à M. le ministre de l'agriculture et du commerce par M. de Mauny de Mornay, inspecteur de l'agriculture, offre la preuve évidente de cette proposition. Les législations sarde, lombarde et parmesane, que M. de Mauny de Mornay a si utilement consultées, n'offrent aucune disposition relative à la création des canaux d'irrigation dont l'existence, aussi étendue que possible, a précédé la législation actuelle. Mais dans le grand duché de Hesse et dans les royaumes de Prusse et de Wurtemberg il en est autrement.

La loi, dans ces deux derniers pays, est d'une précision telle que nous ne pouvons résister au désir d'en présenter le texte à nos lecteurs :

« Lorsque les travaux nécessaires à l'utile emploi des eaux profitent à tout un canton, dit le Code prussien (V. p. 140 du *Rapport de M. de Mauny de Mornay*), et qu'ils ne peuvent être exécutés et entretenus que par un concours commun, les parties intéressées peuvent être obligés à l'exécution et à l'entretien des travaux nécessaires : elles sont, dans ce cas, réunies, par ordonnance royale, en une association particulière. »

Suivant le projet de loi sur les irrigations et les desséchements en Wurtemberg (V. id. p. 145), « si les travaux nécessaires aux irrigations et aux desséchements ne peuvent être exécutés d'une ma-

« nière profitable, qu'en étendant ces irrigations ou ces desséche-
« ments sur des terrains appartenant à plusieurs propriétaires, et
« si le consentement de tous n'est pas obtenu par la voie amiable,
« les opposants peuvent être, dans les cas suivants, contraints à
« prendre part aux dépenses et aux travaux.

« 1° Lorsque les propriétaires des deux tiers de la surface à irri-
« guer ou à dessécher, demandent l'exécution de l'entreprise ;

« 2° Lorsque, de l'avis l'administration, un avantage incontestable
« en sera la conséquence, etc. . . . . . »

D'après l'art. 9 (p. 148 id.), « les frais dus par le propriétaire,
« qui est hors d'état de les acquitter, sont avancés par la commune
« dont le territoire comprend la parcelle qu'il possède. Cette avance
« sera remboursée dans un laps de temps qui n'excédera pas vingt
« ans, avec intérêt à raison de quatre pour cent par an ; cette
« créance est privilégiée sur l'immeuble amélioré. »

Art 10. « Ce même privilége compète à l'association, pour les
« frais d'entretien auxquels est assujetti chaque associé. »

Il y a loin de ces dispositions à celles qui, d'après nous, résultent
de la loi du 16 septembre 1807, et, nous l'avouons, nous éprouve-
rions quelque scrupule à proposer des mesures complétement semblables. La loi de 1807, telle que nous l'entendons, est conçue dans
un esprit plus sage, ses prescriptions varient suivant les besoins.

Aussi nous avons eu soin de montrer, pages 8 et 9, les nuances
qui distinguent les cas divers ; ainsi, les améliorations apportées
aux propriétés ordinaires , jouissent de moins de faveur que celles
que procurent les desséchements de marais, propriétés incultes et
souvent pestilentielles. Les desséchements, si utiles qu'ils soient,
sont eux-mêmes distingués des *travaux nécessaires* pour la défense
des terrains contre les inondations des fleuves et des torrents.

L'action de l'autorité est tempérée suivant les degrés. Quand la
nécessité parle et qu'il s'agit d'éviter une ruine absolue, on force les
propriétaires à concourir aux travaux, en laissant à leur compte
toutes les chances que l'exécution des projets peut offrir, et ils sont
soumis aux dépenses sans d'autres limites que l'abandon même de
leur propriété. Il n'en est pas de même pour les desséchements, la
contribution n'est exigée qu'après les travaux exécutés, mais la loi
laisse le gouvernement maître absolu de répartir la plus value résultant des travaux, dans les proportions qu'il juge utiles ; tandis
que lors qu'il s'agit de simples améliorations qui n'intéressent pas
directement la salubrité, jamais la part des entrepreneurs ne peut
dépasser la moitié de la plus-value, ensorte que la propriété privée
est assurée de bénéficier au moins d'une somme égale à celle qu'elle
donne.

Cependant, si notre respect pour la propriété peut nous faire
hésiter à reconnaître des principes aussi absolus que ceux des législations de la Prusse et du Wurtemberg, nous ne pouvons discon-

venir que les prodiges qu'a créés l'irrigation, là où elle a été largement appliquée, semblent assurer un bill d'indemnité aux gouvernements qui sauront employer leur autorité à faire exécuter de grands canaux d'arrosage.

La législation de la Catalogne offre aussi des principes analogues à ceux que nous défendons. Un mot sur l'histoire des irrigations en Europe doit précéder l'exposition de ces nouveaux documents.

La science et l'art des irrigations en Europe viennent de l'Égypte par double voie, et des peuples anciens, et des Arabes, disciples de Mahomet. En effet, les Égyptiens ont transmis leur science aux Grecs, et ceux-ci aux Romains ; leurs principes étaient encore vivants quand les Wisigoths ont fait la conquête d'Occident, et tout barbares qu'ils étaient, ils ont apprécié immédiatement les avantages des irrigations, si l'on en juge par l'établissement de canaux qui portent encore le nom de leur chef Alaric. Quant à l'influence arabe elle est encore plus évidente ; enfants du désert, les Arabes ont saisi avidement les principes égyptiens sur les irrigations, et, traînant après eux une partie de l'Égypte conquise, ils en ont appliqué les usages dans les pays où ils se sont établis. C'est ainsi que, d'une part, l'Aragon et l'Espagne ont pratiqué les irrigations, par ces traditions venues des Maures qui ont régné dans la Péninsule ; et que, d'autre part, les Croisés, par la seule force de l'exemple, avaient rapporté en Italie, et dans le Milanais notamment, la pratique des irrigations que, plus tard, la domination espagnole est venue vivifier encore. Et c'est probablement au schisme qui amena, comme pape d'Avignon, l'un des frères du roi d'Aragon, que l'ancien comtat Venaissin et les plaines de Cavaillon et de Vaucluse doivent leurs irrigations et par suite leur prospérité. (Voir, p. 55, note n° 2.)

C'est sous l'influence de ces traditions vivaces et anciennes qu'ont été faites les lois du Roussillon et de la Catalogne, lorsqu'elles ont été appelées à réparer les désastres des guerres qui ont chassé les Maures de la Péninsule, et qui surgirent entre les successeurs de Jacques-le-Conquérant ; aussi est-ce là qu'on trouve le système le plus complet sur les irrigations. Il faut consulter les lois et les coutumes de ce pays.

En effet, après les malheurs de longues guerres, après l'incurie et la misère qui en furent la conséquence, il s'est agi d'appliquer, presque à nouveau, les principes fondamentaux de la matière.

C'est ainsi qu'en 1585 les Cortès, réunies en la ville de Montso, sous le règne de don Philippe III, par leur vingt-quatrième résolution, ordonnèrent qu'on recueillît les constitutions et autres droits de la Catalogne. Ce recueil précieux est à la Bibliothèque royale, et M. le ministre des travaux publics en a produit au conseil d'État un extrait authentique, dans une question de compétence soulevée par suite d'un arrêté de conflit, du 5 septembre dernier.

Cet extrait contient d'abord le pricipe fondamental de la matière, que « les chemins, les voies publiques, les eaux courantes et les
« sources vives, les prés, bois, montagnes, pâturages et garrigues
« qui sont situés en ce pays, appartiennent au pouvoir, non pour
« qu'il les ait en aleu et les tienne en propriété privée, mais pour
« que, perpétuellement, il en maintienne l'usage à ses peuples, bien
« qu'il n'y ait ni contrat ni servitude connue. »

M. Ribes, qui était conseiller à la cour de Montpellier en 1810, fait remarquer, dans les observations qu'il a publiées à l'occasion du Code rural projeté alors, que la loi ci-dessus, connue sous le nom d'usage *Stratre* et résultant de l'art. 72 des Usages de Barcelonne, publiés en 1068 par Raymond Bérenger, comte de Barcelonne et de Roussillon, avait été abrogée en 1283 par une autre loi ainsi conçue : « Nous statuons, voulons et approuvons que les droits d'usage sur
« les bois et les eaux des châteaux ou des villages ou territoires
« d'iceux se pratiquent ainsi qu'il était accoutumé de ce faire : qui-
« conque en aura mal usé, ou y aura fait quelque dommage, sera
« châtié par nous. » Ces deux textes, loin de se contredire, se concilient et se corroborent. Le second, la loi *Statuim*, rappelle et confirme les droits d'usage des peuples du royaume d'Aragon sur les eaux, et elle menace de punitions ceux qui en abuseraient. On voit par là que le souverain avait la haute administration, la police et la conservation des eaux de toute nature ; et la preuve évidente que ces deux lois ne se rapportent pas l'une à l'autre, c'est qu'elles ont été insérées en 1585 dans le même Code des constitutions et droits de la Catalogne, et qu'ensemble elles ont reçu une sanction nouvelle, aux termes de la délibération 24e des Cortès de Montso, et de la promulgation qu'en a faite le roi don Philippe III.

Outre l'usage *stratre* et la loi *statuim* ci-dessus rapportés, le Code des constitutions de Catalogne indique encore l'usage *sequiam*, dont le texte n'est cité dans aucun recueil de lois, mais dont l'esprit se trouve reproduit dans tous les statuts délibérés par les Cortès, relatifs aux cours d'eau et canaux d'irrigation qui font partie du chapitre intitulé *sequias, o rechs i servituts*, (grands canaux, canaux d'irrigation et droits d'usage).

En conséquence des principes anciens ci-dessus énoncés, des amendes énormes sont décrétées contre ceux qui feraient des prises d'eau clandestines, et faute par le procureur royal d'en requérir l'application, les communes intéressées sont substituées à son droit de poursuite (L. 27).

Aux termes de la loi 28, les jurats, procureurs, syndics ou prud'hommes des villes ou paroisses, doivent, avec leur conseil, élire, à la majorité, cinq personnes capables et expertes en matière de cours d'eau. Lesdits élus, dans le mois de leur élection, doivent reconnaitre « tous les cours d'eau, canaux d'irrigation et autres acque-
« ducs, ainsi que les chemins publics ; ils verront comment et de

« quelle manière ils sont, les imperfections qu'ils ont, et *dans quel*
« *lieu il conviendrait mieux de les faire nouvellement*, pour que les
« eaux puissent mieux couler, les francs bords étant exhaussés et
« rendus plus faciles. » D'après le procès-verbal d'expertise affirmé
par serment, les travaux doivent être exécutés dans les baronnies
par l'ordre des barons, et sur les terres domaniales par l'intervention du conservateur général ou de son lieutenant.

Aux termes de la loi 31, le 20e ou le 40e du produit des terres
(d'après la décision des jurats, procureurs, syndics ou prud'hommes
et de leur conseil) doit être affecté aux villes et paroisses, afin de les
aider à amortir les rentes fondées pour la création originaire ou
pour la réparation des canaux. Les ecclésiastiques, les religieux, les
militaires ou toute autre personne de qualité sont soumis à la loi
commune.

D'après la loi 32, ceux qui laisseraient leurs terres en friche, pour
éviter l'impôt ci-dessus, sont taxés comme si leurs terres étaient
cultivées : « cette mesure ne sera, toutefois, applicable qu'aux
« terres qui peuvent s'irriguer desdits cours d'eau, canaux et acque-
« ducs, à dire d'experts ou jugements des prud'hommes. »

La loi 33 ordonne qu'on afferme et mette en régie la perception
de ces taxes.

Le principe de l'expropriation pour cause d'utilité publique est
reconnu par la loi 34, pour l'établissement des canaux auxquels il
conviendrait de creuser un lit nouveau.

Enfin, par la loi 35, l'entretien des canaux d'irrigation et des cours
d'eau, doit être mis, chaque année, en adjudication, « et le forfait
« convenu devra être réparti entre toutes les terres de la paroisse;
« on imposera celles qui ne seraient pas cultivées comme celles
« exploitées..., ainsi qu'il est spécifié dans d'autres lois, » c'est-à-
dire si ces terres sont irrigables.

Un fait digne de remarque, c'est que cette législation est aussi
appliquée à d'anciens canaux d'irrigation dans le département de
Vaucluse, avec cette même disposition que les terres arrosables
sont imposées, que leurs maîtres veuillent ou non profiter de l'irrigation.

Ces principes des anciennes constitutions de la Catalogne, viennent, par leur autorité, prouver encore l'utilité de notre système ;
ils démontrent le droit qu'a le gouvernement de décréter le prélèvement forcé, sur les terrains devenus arrosables, d'une partie de la
plus-value, produite par la création de canaux d'irrigation reconnus
d'utilité publique, et ce, quand même les propriétaires ignorants
refuseraient de se servir de l'irrigation. De nos jours, comme alors,
le dixième du produit des terres arrosées serait plus que suffisant
pour éteindre les emprunts qui auraient servi à la construction de
la plupart des canaux d'arrosage.

Règles sur l'exercice du droit de préférence des propriétaires.

(Voir pages 14 et 17.)

I. On demande si les propriétaires qui veulent exécuter, en entier et par eux-mêmes, des travaux publics auxquels on voudrait les faire contribuer partiellement, par le payement de plus-values, sont recevables à exercer ce droit de préférence à l'égard d'autres travaux publics que ceux de desséchement ou d'irrigation, tels que percements, agrandissements de rues, formation de places, constructions de quais, ponts, etc., ouvrages formellement désignés par l'article 30 de la loi de 1807.

L'affirmative n'est pas douteuse; ainsi, quand ces divers travaux publics sont conçus assez heureusement pour que les indemnités de plus-value puissent couvrir les dépenses; de même que l'exécution peut en être accordée à un adjudicataire qui n'aurait pour salaire que ces indemnités, de même les riverains sont admissibles à les exécuter eux-mêmes afin d'éviter l'intervention d'un spéculateur étranger. Il en serait encore ainsi, alors même que l'État, les départements ou les communes se proposeraient d'ajouter une subvention au montant des indemnités de plus-value, si les riverains trouvaient intérêt à former une demande en préférence, et s'ils offraient d'ailleurs des garanties suffisantes pour la bonne confection des travaux.

II. On s'enquiert des délais dans lesquels doivent être formées les demandes en préférence.

C'est pendant les études des travaux, pendant les délais des enquêtes et de l'instruction, tant que les propositions des ministres ne sont pas définitivement arrêtées. Après les ordonnances de concession, pour les travaux d'irrigation, de desséchements et d'ouverture de canaux, etc., après les actes d'adjudication, pour les travaux publics énoncés dans l'article 30 de la loi de 1807, exécutés directement par l'État et les communes, il y a droit acquis pour le concessionnaire ou l'adjudicataire; dès lors, il y a forclusion contre toute demande en préférence; et ce droit ne serait pas ouvert de nouveau, pour de simples modifications qui seraient ultérieurement proposées aux projets primitifs.

III. On demande si les propriétaires qui entendent user du droit de préférence pour exécuter eux mêmes les travaux dont s'occupe l'article 30 de la loi de 1807, sont admissibles dans leur prétention indistinctement contre tous les entrepreneurs de canaux d'irrigation, ou bien si c'est uniquement lorsque ces entrepreneurs veulent recourir au système des plus-values forcées?

Nous répondons :

Le gouvernement, appelé par délégation du législateur à reconnaître l'utilité publique de tous les travaux dont le parcours est au-dessous de 20,000 mètres d'étendue, agit, comme le législateur lui·même, avec une entière indépendance ; il pourrait donc, en vertu de son droit de prononcer discrétionnairement, refuser de reconnaître l'utilité publique des projets qu'il ne voudrait pas concéder à des entrepreneurs étrangers ; mais il est peu probable qu'il use de ce droit, car l'Etat doit protection aux inventeurs qui consacrent leur fortune à fertiliser des plaines arides.

En tout cas, la conception d'un canal d'irrigation, étant une invention propre, aussi respectable que toute autre invention, et constituant une propriété aussi sacrée que celles des ouvrages littéraires, ce n'est que lorsque les demandeurs en préférence auront satisfait les inventeurs, demandeurs primitifs, que le gouvernement admettra leur demande. Au reste, il est souverain, et rien ne peut lier sa décision en cette matière.

C'est seulement lorsqu'on veut les faire contribuer forcément à une partie des travaux, que les propriétaires peuvent demander à s'en charger en entier préférant ainsi courir les chances d'une entreprise toujours hasardeuse, plutôt que d'avoir à redouter toutes les difficultés de plus-values et autres que pourrait amener l'intervention d'un étranger.

IV. La réserve du droit de préférence ainsi expliquée, on demande quelles règles doivent être suivies à l'égard des entrepreneurs évincés ? Aux termes de l'article 6 de la loi de 1807, ces entrepreneurs doivent être remboursés de toutes leurs avances, c'est-à-dire, du temps, des peines, des soins, de l'emploi de leur capacité personnelle, qui tout aussi bien que l'argent dépensé, constituent une valeur appréciable et susceptible de remboursement en principal et intérêts ; la loi entendue de la sorte est juste et équitable.

V. Enfin on demande si nous entendons réclamer l'obtention de la préférence, pour les propriétaires, comme un droit pouvant donner lieu à un recours par la voie contentieuse, en cas de rejet ?

La loi a négligé de réserver ce droit aux propriétaires dont les immeubles reçoivent les améliorations qui peuvent donner lieu aux indemnités de plus-value, dans les cas prévus par l'article 30 de la loi du 16 septembre 1807, mais elle le reconnaît aux propriétaires de marais.—Nous avons pensé que les garanties offertes à ceux qui détiennent des propriétés aussi peu productives et aussi dangereuses pour la salubrité publique que des marais, devaient *à fortiori* être accordées à ceux qui détiennent des propriétés ordinaires, semblables à tous les autres biens immeubles. Mais, dans le silence de la loi, si puissante que soit cette induction à nos yeux, nul ne pourrait, suivant nous, songer à former un recours contentieux en raison du rejet de la demande en préférence par lui formée. L'administration doit d'ailleurs avoir un pouvoir à peu près discrétionnaire afin de ne faire la concession qu'à ceux qui lui paraissent offrir des garanties réelles pour l'exécution des grands travaux publics dont les projets sont soumis à son approbation. Ainsi, le

droit de préférence, que nous réclamons en faveur des propriétaires, ne devra pas entraver la liberté qui est laissée au gouvernement, afin qu'il puisse choisir, dans l'intérêt de tous, quel est le
meilleur concessionnaire.

Concluons de ce qui précède que, entendu de la sorte, le droit de
préférence, qui est une garantie pour les droits privés, est éminem-
ment favorable, si, ainsi que nous l'avons expliqué, le gouvernement
prend de justes garanties pour l'exécution des travaux dont l'utilité
publique est reconnue.

RÈGLES SUR LE PAYEMENT DES PLUS-VALUES.

(V. p. 28.)

I. De ce que le rôle est dressé et arrêté en argent, il suit que le payement en
argent est seul exigible, que le reste est une facilité donnée au débiteur et non
la dette elle-même;—Que le créancier peut se borner à suivre, par voie d'exécution forcée, le payement en argent, sauf à arrêter ses poursuites devant des
offres ou d'une rente ou d'une portion de terrain suffisante (mais le juge doit décider si le terrain est partageable), ou devant le délaissement entier, à charge,
par l'entrepreneur, d'en payer le prix, d'après l'estimation avant les travaux;—Que
si le débiteur peut payer ou en rentes ou en terres une dette exigible de droit
en argent, il ne peut pas payer partie en rentes, partie en terres et partie en
argent, à moins que cela ne soit convenu à l'amiable entre le débiteur et le créancier; enfin que jamais ni le juge ni le créancier ne peuvent contraindre le débiteur soit au partage, soit au délaissement, soit au payement d'une rente.

II. De ce que le choix appartient au débiteur, il suit que, de prime abord, le
juge ne peut pas déterminer la manière dont le payement se fera;

Que, si le créancier ne veut pas employer les voies de rigueur, il peut assigner
le débiteur devant le juge compétent, pour qu'il ait à déclarer le choix qu'il en-
tend faire;

Que, si le débiteur fait défaut, le juge doit fixer un délai, passé lequel il perdra
la faculté de se libérer autrement qu'en argent;

Que le débiteur n'est lié par les offres qu'il fait qu'autant qu'elles sont accep-
tées; mais qu'une fois le mode de payement convenu, il faut une convention nouvelle pour en changer;

Que si une commune, en raison de biens communaux, est débitrice de plus-
values, c'est au conseil municipal à choisir le mode et au maire à faire les actes
de payement;

Que si les représentants de la commune refusaient de se prononcer, ce serait
au préfet en conseil de préfecture, par voie de tutelle administrative (article 39
de la loi du 18 juillet 1837), à choisir le mode de payement le plus utile à la com-
munauté, car il s'agit d'opérer l'extinction d'une dette rangée parmi les charges
obligatoires de la commune;

Que si la caisse municipale ne pouvait subvenir au payement en argent, ou que la
constitution d'une rente 4 p. 0/0 dût compromettre la tranquillité publique en
renouvelant l'esprit d'hostilité originaire contre l'entreprise de dessèchement, d'irrigation, etc., ce serait le cas, par le préfet, de choisir le mode de payement en
nature, par partage ou délaissement total, si ce dernier mode est permis.

III. De ce que la matière est administrative, et qu'on agit en vertu d'un rôle rendu
exécutoire par le préfet, il suit, ainsi que nous l'avons établi ci-dessus p. 30 et 31,
que la commission spéciale est le juge compétent; — Que si le débiteur préfère
se libérer en rentes, ces annuités sont recouvrées en vertu d'un rôle rendu an-
nuellement exécutoire par le préfet, comme en matière de contributions publiques;

Qu'en cas de négligence, de refus, ou d'incapacité du débiteur, ce serait devant
la commission spéciale que l'entrepreneur des travaux devrait provoquer les actes

de partage ou de délaissement, consentis d'abord et refusés ensuite, ou ordonnés d'office par l'autorité supérieure, c'est-à-dire par le préfet en conseil de préfecture, pour les communes dont le budget est inférieur à 100,000 francs, et, par une ordonnance royale, pour les communes dont le budget est de 100,000 francs et au-dessus.

IV. De ce que la matière est réelle et garantie par un privilége immobilier soumis à l'inscription, il suit que c'est le détenteur du bien amélioré (et non les héritiers du propriétaire au jour de l'opération) qui sont débiteurs, et que la rente qui serait convenue est assise sur l'immeuble amélioré.

Mais de ce que le privilége est de droit civil et que le régime hypothécaire est public en France, il suit que ce privilége doit être inscrit et renouvelé tous les dix ans;—Que, faute d'inscription dans les six mois, le privilége n'est plus qu'un droit hypothécaire ayant préférence du jour de l'inscription prise;

— Que l'inscription faite dans les six mois de l'achèvement des travaux remonte jusqu'au jour de l'entreprise et s'étend sur toute la plus-value produite par l'opération. Le tout suivant les deux estimations faites par la commission spéciale.

Que le vendeur du bien grevé doit astreindre son acquéreur au payement de la rente qui aurait été convenue, et que, faute de le faire, il s'expose à être contraint au remboursement immédiat du capital de la rente, comme ayant diminué les sûretés du créancier.

NOTES.

(V. p. 28.)

N° 1. Ce n'est pas comme en matière de desséchements : pour les marais, on procède aux estimations par classes, et lorsque le rôle fait application de ces estimations à chaque propriété, il s'élève des difficultés sur la contenance des terrains compris au rôle ; mais rien de semblable ne peut avoir lieu en matière d'irrigation puisque l'estimation, avant et après les travaux, est faite par parcelle.

(V. p. 49.)

N° 2. On peut voir à ce sujet et le rapport adressé à M. le ministre de l'agriculture et du commerce par M. Mauny de Mornay et le discours préliminaire plein d'érudition du traité des irrigations de M. Nadault de Buffon. Ces deux savants auteurs ne sont pas d'accord sur l'origine des irrigations en Europe. Nous avons cherché à les concilier en réunissant leurs systèmes ; tous les deux sont vrais, mais ils nous semblent trop absolus, pris isolément.

Imprimerie de Paul Dupont et Cie, Hôtel-des-Fermes, à Paris.